14살에 처음 만나는
서양 철학자들

- 책에 실린 도판 중 허락받지 못한 일부 도판들은 소장자나 소장처가 확인되는 대로 절차에 따라 허락을 받겠습니다.

14살에 처음 만나는
서양 철학자들

1판 1쇄 발행일 2020년 1월 30일 1판 2쇄 발행일 2020년 12월 22일

글쓴이 강성률 | 그린이 서은경 | 펴낸곳 (주)도서출판 북멘토 | 펴낸이 김태완

편집주간 이은아 | 편집 박소연, 김정숙, 조정우 | 디자인 책은우주다, 안상준 | 마케팅 최창호, 민지원

출판등록 제6-800호(2006. 6. 13.)

주소 03990 서울시 마포구 월드컵북로6길 69(연남동 567-11) IK빌딩 3층

전화 02-332-4885 | 팩스 02-6021-4885 | 이메일 bookmentorbooks@hanmail.net

인스타그램 https://www.instagram.com/bookmentorbooks_ _

페이스북 https://facebook.com/bookmentorbooks

ISBN 978-89-6319-345-8 43160

이 도서의 국립중앙도서관 출판예정도서목록(CIP)은 서지정보유통지원시스템 홈페이지(http://seoji.nl.go.kr)와 국가자료공동목록시스템(http://www.nl.go.kr/kolisnet)에서 이용하실 수 있습니다.(CIP제어번호: CIP2020001644)

청소년을 위한
진짜 쉬운
서양 철학

14살에
처음 만난

강성률 지음
서은경 그림

서양의
철학자들

북멘토

어렵고 딱딱한 철학책은 가라!
14살에 딱 맞는
진짜 쉽고 재미있는 철학책이 나왔다!

'소크라테스는 건강을 위해서 체조를 열심히 했고, 춤도 열성적으로 추었다. 전쟁에 나갔을 때는 혹독한 겨울 날씨에도 맨발로 얼음 위를 걸어갔으며, 동료들이 적군을 피해 미친 듯이 도망칠 때에도 장군과 함께 아군과 적군을 둘러보며 태연하게 걸어갔다. 그는 '너 자신을 알라!'는 경구를 통하여 시민에게 스스로의 존엄성을 자각시키려 하였고, 교육에 있어서는 산파술이라는 독특한 문답법을 사용했다.'

『14살에 처음 만나는 서양 철학자들』은 열한 명의 서양 철학자들의 출생 이야기부터 엉뚱하면서도 남달랐던 어린 시절의 성장

과정, 특히 재미있는 에피소드를 소개하고, 그 철학자들의 핵심 사상을 정리하였다. 어렵고 딱딱한 철학책을 읽기 위해서는 철학자들의 인간적인 모습을 먼저 접하는 게 좋다. 철학자들을 둘러싼 재미있는 이야기를 먼저 싣고 철학 사상을 부록으로 구성한 이유가 여기에 있다.

위대한 철학자들 중에는 소크라테스, 데카르트, 칸트, 쇼펜하우어처럼 어려서부터 학문에 뜻을 두고 한 우물을 판 경우도 있지만, 그렇지 않은 경우도 있다. 귀족 가문에서 태어난 플라톤은 정치가가 될 뻔했고, 아리스토텔레스는 의술을 포기하고 철학자가 되었다. 헤겔과 루소는 신학을 공부하다가 철학으로 전공을 바꾸었고, 루소는 스무 가지가 넘는 직업을 거치다가 철학자가 되었다.

한편, 모든 철학자들이 모범적인 십 대를 보낸 것도 아니었다. 학교의 딱딱한 분위기와 낡은 도덕을 비웃는 반항아 기질이 있었던 니체는 종교 재판에 회부돼 벌칙으로 3시간 감금, 외출 금지를 당했다. 모범생과 거리가 멀었던 마르크스는 싸우다가 다치는가 하면, 술을 마시고 거리에서 큰 소리를 지르다가 학생 감옥에 갇힌 적도 있다. 삶 군데군데에서 비행이나 실수를 저지르는 지극히 '인간적인 철학자'였던 셈이다.

인문학에 대한 중요성이 커지면서 철학과 철학자들에 대한 관심도 높아졌다. 그러나 청소년들이 흥미를 가지고 빠져들 만큼 재미있고 쉬운 책은 많지 않다. 필자는 그동안 철학의 대중화를 위해 쉽고 흥미를 돋우는 철학서를 내는 데 노력을 기울여 왔다. 『14살에 처음 만나는 서양 철학자들』 역시 그 일환으로 나온 책이다. 그래서 청소년들이 딱딱하고 어려운 철학책이 아니라 옛날 이야기책을 읽어 내려가는 느낌이 들도록 노력했다. 또, '풉' 하고 웃음이 터지는 유쾌한 일러스트로 재미를 더했고, 필요한 내용에는 친절한 팁을 달아 청소년들에게는 진짜 쉬운 철학책이 될 것이다.

마지막으로 '처음 철학을 만나는' 모든 사람들에게 철학에 대한 흥미와 관심을 불러일으키고, 인생에서 첫 전환기를 맞은 청소년들에게 성장의 밑거름이 되기를 기대한다.

강성률

차례

1　소크라테스 — 너 자신을 알라　013

2　플라톤 — 철인왕을 꿈꾸다　035

3　아리스토텔레스
— 숲속을 산책하며 철학을 토론하다　051

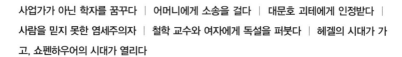

1

소크라테스

너 자신을 알라

세계 4대 성인 가운데 한 사람인 소크라테스는 페르시아 전쟁(기원전 492년 페르시아의 다리우스 1세가 세 차례에 걸쳐 그리스 본토를 침략하여 일어난 전쟁)에서 그리스가 승리하고, 수도인 아테네가 서서히 세력을 펼쳐 나가던 시기에 태어났다. 아버지는 아테네의 여러 석조 건물 건축 계획에 참여한 중견 조각가였고, 어머니는 산파(산모가 아이를 낳을 때 아이를 받고 도와주는 사람)였다. 귀족 출신은 아니었지만 부모가 맞벌이를 한 것을 보면, 적어도 어린 시절에는 그리 가난하지는 않았던 것 같다.

소크라테스의 외모는 크고 둥근 얼굴에 벗어진 이마, 툭 불거진 눈, 뭉툭한 코, 두툼한 입술, 땅딸막한 키, 튀어나온 배, 오리처럼 뒤뚱거리는 걸음걸이 등 추남에 가까웠다. 외모 지상주의 풍조가 있던 아테네에서는 외모 탓에 꽤 고생을 했을 것이다. 소크라테스가 아테네 시민들 사이에 널리 알려진 것도 얼굴이 잘생긴 제자가 아고라에서 소크라테스를 찬양하는 연설을 하면서부터였다고 한다.

아고라: 본래는 시장이라는 뜻이다. 고대 그리스 도시 국가에서 시민 총회, 재판, 상업, 사교 등의 다양한 활동이 이루어지는 광장을 말한다. 오늘날에는 공적인 의사소통이나 직접 민주주의를 상징하는 말로 널리 사용된다.

소크라테스는 아버지의 직업을 이어받지 않았다. 결혼하고 나서도 가족을 돌보지 않고 제자들을 가르치는 일에 몰두했다. 무보수로 제자들을 가르쳤고, 기껏해야 저녁 한 끼로 만족했다. 특별한 수입도 없으면서 돈을 받지 않고 가르친 것이다.

그리스 최대의 희극 작가 아리스토파네스는 연극 무대 위의 소크라테스를 맨발로 묘사했는데, 실제로 소크라테스에게는 신발을 사 신을 여유조차 없었다.

어느 날 진열장에 널려 있는 상품을 보고, 호주머니에 한 푼도 없는 소크라테스가 중얼거렸다.

"이렇게 많은 물건 중에 내가 필요로 하는 것이 하나도 없다니!"

소크라테스: 공자, 석가, 예수와 더불어 세계 4대 성인 가운데 한 사람이다. '너 자신을 알라!', '악법도 법이다.' 등의 명언을 남겼다.

소크라테스는 돈(물질)에 초연한 태도를 보인 가난한 철학자로 알려져 있다. 하지만 알려진 것보다 가난하지 않았다는 이야기도 있다. 소크라테스는 몇 차례 굵직한 전투에도 참가했다. 당시 아테네 군대에서는 시민 병사들 스스로 전투에 필요한 장비를 구입했다. 돈이 많은 사람은 말을 사서 기마병으로 참전하고, 중산층은 갑옷과 투구를 사 중장갑 보병으로 참전했으며, 아무것도 살 형편이

안 되는 사람은 돌팔매질하는 병사로 나갔다. 그런 데 소크라테스는 주로 중장갑 보병으로 전투에 참 가했다.

평소 맨발에 형편없이 초라한 옷차림으로 유명 한 소크라테스의 복장은 가난해서가 아니라 욕심 없 는 생활을 추구했기 때문인지도 모른다. 『소크라테스의 변명』에서 물질에 대한 욕망을 절제하라고 가르친 것도 그의 신념에서 나온 것으로 보인다.

아내의 잔소리, 철학자를 만들다

소크라테스는 쉰 살이 넘도록 결혼을 하지 못했다. 크산티페는 무려 서른 살의 나이 차를 극복하고 소크라테스와 결혼했다. 두 사 람이 결혼하게 된 것은 고대 그리스의 결혼 관습 때문이었다. 아테 네에서 결혼은 오직 중매로 이루어졌는데, 여자 나이 열다섯 살이 되면 부모가 선택한 남자와 반드시 결혼해야 했다. 여자에게는 선 택권이 없었고, 이혼할 권리도 오직 남자에게만 있었다.

소크라테스가 철학자들 중에서 유명하다면, 크산티페는 철학자 의 아내 중에서 가장 유명하다. 사람들은 크산티페가 남편 때문에

유명해졌다고 말하지만, 오히려 그 반대일 수도 있다. 크산티페가 없었다면 소크라테스가 유명한 철학자가 될 수 없었을지도 모른다.

고대 그리스에서 철학자는 가난뱅이의 대명사였다. 그래서 크산티페는 남편이 철학자라는 직업을 갖지 못하게 하려고 온갖 방법을 동원하여 남편을 못살게 굴었다. 집 안에서는 물론이고 밖에서까지 쫓아다니며 방해했다.

하루는 집에서 소크라테스가 제자들과 토론을 하고 있었다. 아무리 잔소리를 해도 소크라테스가 들은 척도 안 하자 크산티페는 큰소리로 욕을 하고 물을 퍼부어 버렸다. 하지만 소크라테스는 아랑곳하지 않고 태연하게 말했다.

"천둥이 친 다음에는 소나기가 오는 법이지!"

또 크산티페가 남편을 뒤쫓아 가 시장 한복판에서 옷을 마구 잡아당겨 찢은 일도 있었다. 소크라테스의 친구들이 크산티페를 비난했지만 그는 아내의 그런 행동을 잘 참았다.

어떤 사람이 소크라테스에게 물었다.

"당신은 아내의 잔소리를 어떻게 견딥니까?"

"물레방아 돌아가는 소리도 귀에 익으면 괴로울 것이 없지요!"

크산티페가 못살게 굴면 굴수록 소크라테스는 일찌감치 집을 나와 철학적 담화로 빠져들었고, 소크라테스는 비로소 소크라테스가 될 수 있었다. 그가 서재에만 파묻혀 지냈더라면, 결코 위대한 철학자가 되지는 못했을 것이다.

결과적으로는 크산티페의 의도와 정반대로 되어 버렸다. 소크라테스가 철학하는 것을 막으려고 했던 크산티페의 행동이 오히려 더 심오한 철학을 할 수 있도록 도와주었기 때문이다.

어느 날 제자 가운데 한 사람이 결혼에 대해 물었다.

"선생님. 결혼하는 것이 좋습니까, 하지 않는 것이 좋습니까?"

"결혼하게. 온순한 아내를 얻으면 행복할 것이고, 사나운 아내를 얻으면 철학자가 될 테니!"

크산티페의 이야기는 아리스토파네스의 희극 〈구름〉에서 등장한다. 아리스토파네스는 부유한 집안에서 태어났으며, 새로운 사상을 혐오하는 극단적인 보수주의자였다. 아리스토파네스의 눈에는 평소 국가에 반하는 사상을 가르치는 소크라테스가 눈엣가시였다. 그는 크산티페를 악처로 등장시켜, 철학자 소크라테스를 폄훼하고 조롱하려 했던 것이다. 이것이 세 아이를 키우며 힘든 생활고를 견뎌 온 보통의 여인 크산티페가 졸지에 악처의 대명사로 전락하게 된 이유이다.

크산티페가 악처가 아니었다는 의견도 있다. 남편의 사형 집행 소식을 들은 크산티페는 막내 아이를 품에 안고 급히 달려온다. 그리고 형을 집행할 수 없을 정도로 울부짖으며 통곡했다. 소크라테스는 죽마고우인 크리톤에게 애원했다.

"크리톤, 이 여자를 제발 집으로 데려다주게."

크산티페는 가지 않겠다고 버텼지만 결국 끌려 나왔고, 남편의 마지막을 보지 못했다.

〈구름〉: 아들의 낭비벽으로 빚에 쪼들리던 아버지가 아들을 소크라테스의 '궤변 학교'에 보냈다. 아들이 궤변술을 배워 자신의 행동을 정당화하자, 화가 난 아버지가 소크라테스의 학교에 불을 지른다는 내용으로 기원전 423년 상연되었다.

크리톤: 소크라테스의 보석금을 대신 내겠다고 자처하는가 하면, 사형이 확정된 이후에는 간수를 다독여 소크라테스가 감옥 생활을 하는 데 불편이 없도록 했다. 소크라테스의 탈옥을 준비할 때 들어간 비용도 기꺼이 감당했다.

철학자, 전쟁에 참가하다

소크라테스는 건강을 위해서 체조를 열심히 했고, 춤도 열성적

펠로폰네소스 전쟁: 아테네와 스파르타가 각각 동맹들을 거느리고 싸운 전쟁으로, 기원전 431년에서 기원전 404년에 일어났다. 아테네는 민주 정치를, 스파르타는 과두 정치를 대표했다. 스파르타의 승리로 끝났지만, 고대 그리스가 쇠망하는 원인이 되었다.

으로 추었다. 몸도 건강했지만 대담성, 인내력, 참을성에서는 그를 따라올 자가 없었다. 제자 플라톤이 스승 소크라테스에 대해 한 말과 세 번의 전쟁에 참가해 용맹을 떨친 것에서 그것을 확인할 수 있다.

"신체만큼은 건강한 편이어서 추위나 더위에 대단한 인내력을 발휘했고, 밤새워 술을 마시고도 끄떡없었다."

신체와 정신에 장애가 없고, 만 50세를 넘지 않은 아테네 시민에게는 군 복무의 의무가 있었다. 30대 후반에서 40대 초반쯤 소크라테스는 펠로폰네소스 전쟁에 중장갑 보병으로 참전했다. 펠로폰네소스 전쟁 중 북그리스로 2회, 보이오티아(코린토스 만 동북쪽에 있는 그리스의 지방)로 1회 종군할 때, 소크라테스는 대단한 인내심과 침착한 용기를 보여 주었다고 한다. 혹독한 겨울 날씨에 다른 사람들이 두껍게 옷을 껴입고 나갈 때, 그는 맨발로 얼음 위를 걸어갔다. 또 보급이 끊긴 상태에서 배고픔과 추위를 참아 내는 데 그를 능가할 사람이 없었다. 주변의 동료들이 적군을 피해 미친 듯이 도망칠 때에도, 그는 장군과 함께 아군과 적군을 둘러보며 태연하게 걸어갔다.

소크라테스는 델리온 전투(기원전 424년, 보이오티아 동쪽 델리온 마을에서 있었던 아테네와 보이오티아의 싸움)에도 참전했는데, 아테네 군이 패

배해 후퇴해야 했다. 그런데 어찌나 침착한 모습으로 후퇴하는지 사람들이 놀랄 정도였다. 소크라테스의 침착한 대처 덕분에 그가 소속된 부대는 무사히 전쟁터를 빠져나올 수 있었다고 한다.

아테네의 정치가이자 군인인 알키비아데스는 소크라테스의 동료 군인들로부터 들은 이야기를 이렇게 전했다.

"한번은 이른 아침부터 소크라테스가 깊은 생각에 잠겨 한자리에 서 있었어요. 아무리 생각해도 해결이 되지 않는지 그대로 움직이지 않았어요. 정오가 되었지요. 더 많은 사람들이 그 모습을 보았고, 이상하게 여기며 서로 수군거렸어요. 마침내 저녁이 되자 몇몇 이오니아(현재 터키의 일부) 출신 병사들이 식사를 마치고 침구를 가지고 밖으로 나왔어요. 소크라테스가 밤새 거기 서 있을지 지켜보기 위해서였지요. 여름이긴 했지만 그는 선 채로 밤을 지새웠답니다. 여명이 밝아 오고 해가 떠올랐습니다. 그제야 그는 태양을 향해 기도를 드린 후 자리를 떠났습니다."

너 자신을 알라!

아테네에서 소크라테스가 철학자로서 이름을 드러내기 시작한 것은 마흔 살 무렵부터였다. 그의 친구이자 가장 열렬한 제자였던

소포클레스: 에우리피데스, 아이스킬로스와 함께 3대 비극 시인으로 그리스 비극의 완성자라고 불린다. 대표작으로는 『안티고네』, 『오이디푸스 왕』, 『엘렉트라』 등이 있다.

카이레폰은 델포이 신전을 찾아갔다. 아폴로 신이 다른 신에 비해 탁월한 예언 능력을 발휘한다는 소문을 들어서였다. 주변국의 권력자들도 전쟁의 승패를 미리 알기 위해 이 신전을 찾아왔다. 신탁(신이 자신의 뜻을 나타내거나 인간의 물음에 대답해 주는 일)은 신전 안의 지성소(가장 안쪽에 있는 가장 성스러운 곳) 안에서 이루어졌다. 보통 쉰 살이 넘은 무녀(무당)가 신의 소리를 전하면, 남자 사

제가 그 뜻을 해석해서 전했다. 제단의 중앙 앞에 선 카이레폰이 물었다.

"아테네에서 가장 현명한 사람이 누구입니까?"

신전의 무녀가 대답했다.

"소포클레스는 현명하다. 에우리피데스는 더욱 현명하다. 그러나 소크라테스는 모든 사람 중에서 가장 현명하다."

카이레폰은 이 신탁을 듣고 기뻐하며 즉시 소크라테스에게 전했다. 하지만 신탁을 들은 소크라테스는 크게 놀랐다. 그 스스로 무지하다는 것을 잘 알고 있었기 때문이다. 그는 신탁을 확인하기 위해 모두가 현명하다고 공인하는 사람들을 찾아가 여러 가지를 물어보았다. 그런데 그들은 참된 지혜를 알지 못하면서도 아는 것처럼 자만했다. 그들은 스스로 무지하다는 사실조차 모르고 있었던 것이다.

반면에 평소 신전의 묘비 위에 새겨진 글 '너를 알라!'를 외우고 다녔던 소크라테스는 적어도 자신이 '무지하다'는 사실을 알고 있었다. 바로 이것이 소크라테스에게 가장 현명한 아테네인이라는 신탁을 내린 이유였다. "너 자신을 알라!"라는 유명한 교훈은 이렇게 해서 우리에게까지 전해 오는 것이다.

소크라테스의 지혜와 덕망은 점차 널리 알려졌다. 알키비아데스는 다음과 같은 이야기를 남겼다.

"페리클레스(아테네 민주 정치의 대전성기를 가져온 정치가로 파르테논 신전과 아크로폴리스를 건설했다.)의 웅변을 듣고도 감동하는 일이 극히 드물었다. 하지만 소크라테스의 말을 듣는 사람은 남녀노소를 막론하고 감동하지 않을 수 없었다. 특히 나는 심장이 뒤흔들리고 눈물이 마구 쏟아져 나오며 노예 같은 상태에 빠졌다."

또 메가라 사람인 에우클레이데스(소크라테스의 제자이자 메가라학파의 창설자)는 일찍부터 철학 공부를 했는데, 소크라테스의 강연을 듣고 나서 열렬히 그를 따랐다. 그때 아테네와 메가라 사이에 불화가 생겨 '메가라 사람이 아테네에 들어오면 종신 징역에 처한다.'라는 법령이 만들어졌다. 그러자 에우클레이데스는 여자로 변장하고 아테네로 숨어 들어왔다. 스승이 세상을 떠난 후에는 메가라로 돌아가 망명하려는 소크라테스의 제자들을 자신의 집에서 보호하기도 했다.

아테네의 양심, 사형 선고를 받다

소크라테스와 같은 위대한 정신이 살고 있었음에도 불구하고 아테네는 패망의 길로 접어들고 있었다. 펠로폰네소스 전쟁에서 승리를 거둔 스파르타는 아테네에 친親스파르타 인사와 반反민주주의자

30명으로 구성된 과두 체제(적은 수의 우두머리를 내세워 소수의 사람에게 권력이 집중된 정부 형태)를 세워 공포 정치를 실시했다. 이들은 정권을 장악한 13개월 동안 아테네 인구의 5퍼센트를 살해하고 재산을 몰수했으며, 페리클레스의 민주주의를 말살했다.

소크라테스는 이 위원회에 끌려가, 아테네 시민들에게 하는 교육을 그만두라는 명령을 받았다. 그러나 소크라테스는 자기 방식의 교육을 계속했다. 주변에서는 그가 머지않아 처형되리라고 걱정했지만, 정작 소크라테스는 아무렇지 않게 여겼다. 정치가들의 잘못된 요구에 대한 그의 태도는 너무나 확고했다. 또한, 과두파 인물 가운데 그의 제자와 플라톤의 조카(플라톤의 동생 글라우콘의 아들) 카르미데스가 있어 나름대로 믿는 구석이 있었다.

여덟 달 만에 과두 정치가 무너지고 다시 민주제로 바뀌자, 소크라테스의 정치적 기반이 무너졌다. 아테네 역사상 최전성기를 이끌었던 페리클레스가 죽고 그 뒤를 이은 부정한 야심가들에게 소크라테스 같은 인물은 매우 위험할 수밖에 없었다. 소크라테스는 모든 진리의 기초를 도덕에 두었기 때문이다. 그들은 소크라테스를 없애 버릴 음모를 꾸몄다. 그래서 '첫째, 청년을 부패하게 만들고, 둘째, 나라에서 인정하는 신이 아닌 다른 신을 믿는다.'는 이유를 들어 소크라테스를 고소했다.

아테네의 재판에서는 서른 살 이상의 아테네 시민으로서 나라에 빚을 지지 않았으면 누구나 배심원을 지망할 수 있었다. 지망자가 많을 때에는 재판하는 날 추첨으로 500명을 뽑았다. 소크라테스의 재판도 같은 방법으로 선발된 500명의 배심원들이 다수결로 판결하는 법정에서 하루 동안 진행되었다. 원고 쪽의 고소 이유서가 낭독된 후에, 소크라테스의 연설로 변호가 시작되었다.

소크라테스는 변호인의 도움을 받지 않고 자신이 직접 배심원들 앞에 섰다. 그는 자신이야말로 청년들을 참되게 교육하는 '아테네의 양심'이라고 말했다. 그리고 나라에서 믿으라고 한 신을 믿지 않았다는 죄는 중상모략이라고 비난했다. 그의 모습은 피고를 나무라는 검사의 모습과 흡사했다. 듣는 사람의 입장에서는 위압적이면서 동시에 조롱받는 느낌마저 들 정도였다.

아테네 법정에서는 신에 대한 불경죄의 경우, 우선 유죄냐 무죄냐에 대해서만 판결을 내리게 되어 있었다. 그래서 유죄인 경우, 그 형량을 투표로 정했다. 소크라테스에 대한 1차 판결은 유죄였다. 그러나 표차는 예상했던 것보다 아주 적었다. 유죄로 투표한 사람이 280명, 무죄로 투표한 사람이 220명이었다. 마지막으로 형량을 결정하는 일만 남았다. 원고 쪽에서 요구한 형량은 사형이었다. 반면 소크라테스가 스스로 요청한 형량은 마치 재판관들을 조롱이나 하듯, 벌금 은화 1므나 에 불과했다. 크리톤과 플라톤 등이 부탁하여 벌금을 30므나로 늘리긴 했지만, 소크라테스의 제청은 무죄 판결

을 했던 재판관들의 기분마저 상하게
만들었다. 결국 360대 140이라는 큰
표차로 사형을 선고받게 되었다.

고대 그리스의 화폐 므나: 1므나는 그리스의 화폐 단위인
100드라크마만큼의 가치를 가진다. 1드라크마는 당시 전문
기술을 가진 성인 남자의 하루 일당이었다.

악법도 법이다

   아테네 법률에는 사형 선고를 받은 사람은 24시간 안에 처형받
게 되어 있었다. 그러나 델로스섬(에게해의 그리스 영토인 키클라데스 제도
의 가장 작은 섬)에 있는 아폴로 신에게 감사의 제물을 바치러 떠난 배
가 돌아오지 않아서 소크라테스의 처형 집행이 연기되었다. 소크라
테스는 사면 신청을 하지도 않고 사형 날짜만 기다렸다. 한 달 후,
배가 돌아왔다. 그 소식을 듣고 아침 일찍 크산티페가 감옥으로 찾
아왔다.

   "당신은 부당하게 사형되는 것입니다."

   그리고 마지막으로 탈출을 권유했다. 소크라테스는 황당하게도
이렇게 반문했다.

   "그러면 그대는 내가 정당하게 사형되기를 원하는가?"

   소크라테스의 친구와 제자들이 하나둘 감옥에 모여들었고, 크
리톤도 탈출을 권했다.

"돈이 얼마가 들든 관리들을 매수할 테니, 탈출하게나."

하지만 소크라테스는 단호하게 거절했다.

"이제까지 나는 아테네 시민으로서 아테네 법이 시민에게 주는 특권과 자유를 누려 왔네. 그런데 이제 와 내게 불리해졌다고 법을 지키지 않는 것은 비겁하지 않은가?"

그러고는 크리톤에게 '나라가 나에게 부당한 선고를 했다고 해서 국법을 어기는 것은 옳은 것인가?'라는 문제에 대해 토론해 볼 것을 제안했다.

'악법도 법이다!'라는 소크라테스의 명언은 여기서 유래한다. 물론 나쁜 법은 고쳐지거나 없어져야 한다. 그러나 정당한 절차를 거쳐 수정되거나 폐기되기 전까지는 반드시 지켜져야 한다. 그렇지 않으면 더 큰 혼란이 올 것이기 때문이다. 소크라테스는 무법천지보다는 조금 나쁜 법이라도 존재하는 사회가 더 바람직하다고 여겼

던 것이다. 소크라테스가 독배를 마신 것도 실정법(현실적인 제도로서 시행되고 있는 법)을 존중했기 때문이라고 할 수 있다.

나는 모든 병에서 다 나았다 ————————————

사형 집행은 해가 지는 시간으로 정해져 있었지만 해가 진 후에도 음식을 원하는 대로 먹고 마실 수 있었다. 그러나 소크라테스는 크리톤에게 독약을 빨리 가져오게 하라고 재촉했다. 크리톤이 할 수 없이 눈짓을 하자, 사환이 간수와 함께 독약을 들고 들어왔다. 태연히 잔을 든 소크라테스가 간수에게 물었다.

"여보게! 어떻게 하면 되는지 내게 가르쳐 주게."

간수가 침울하게 말했다.

"그 약을 다 마시고 다리가 무거워질 때까지 걷다가, 그다음에 누우시면 됩니다."

소크라테스가 다시 물었다.

"신에게 드리는 의미로 한 방울 떨어뜨려도 될까?"

"마실 분량밖에 없습니다."

"알았네. 하지만 나는 기도를 드려야 하네. 아마 그대로 이루어 질 걸세."

소크라테스는 조용하고 침착하게, 떨거나 얼굴빛도 변하지 않고 독이 든 약을 다 마셨다. 그때까지 눈물을 참고 있던 제자들은 더 이상 울음을 참을 수 없었다. 감옥은 점차 높고 낮은 울음소리로 가득 찼다.

소크라테스는 감옥 안을 거닐다가 다리가 무겁다며 반듯이 누웠다. 시종은 종종 소크라테스의 손과 발을 살펴보다가, 발을 꼭 누르면서 물었다.

"감각이 있나요?"

소크라테스가 없다고 답하자, 다리를 눌러보면서 몸이 식어 가고 있다고 말했다. 하반신이 거의 다 식었을 때, 소크라테스는 얼굴에 가렸던 천을 제치고 말했다.

"크리톤, 아스클레피오에게 닭을 한 마리 빚졌네. 기억해 두었다가 갚아 주게."

"잘 알았네. 그밖에 다른 할 말은 없는가?"

그는 아무 대답이 없었다. 당시에는 누구든지 병에 걸렸다가 나으면 감사의 뜻으로 아스클레피오스에게 닭 한 마리를 바치는 풍습이 있었다. 소크라테스의 마지막 말은 '나는 모든 병에서 다 나았다.'는 의미로 해석할 수 있다.

독일의 유명한 실존주의 철학자 야스퍼스는 "소크라테스에게 죽음은 비극이 아니었다."라고 말했다. 그는 죽음을 초월하고 있었

▲ 〈소크라테스의 죽음〉: 소크라테스가 독약을 마시려는 모습을 그린 작품으로, 자크 루이 다비드가 1786년에 그렸다.
▶ 소크라테스가 갇혀 있던 감옥: 아고라에서 가까운 곳에 있으며 이곳에서 독약을 마시고 죽었다.

다. 절대적 진리와 정의로 향한 그의 정신 앞에 죽음은 결코 장애물이 될 수 없었다. 그는 살과 피를 가지고 사람의 모습을 한, 철학 그 자체였다. 소크라테스는 아무런 저서도 남기지 않아 그 사상의 핵심 부분이 잘 알려져 있지 않다. 그럼에도 불구하고, 인류 역사에 커다란 발자취를 남긴 것은 독특한 인품과 더불어 죽음의 장면이 일으키는 추모의 마음에 원인이 있지 않을까.

소크라테스

소크라테스(B.C. 470년 무렵~B.C. 399년)는 소피스트

(B.C. 5세기 무렵 변론술을 가르치는 일을 직업으로 삼던 사람들

을 가리킨다. 점차 자기의 이익을 위해 변론술을 악용하여 궤변

가를 뜻하게 되었다.)들이 상대주의적이고도 회의주의

적(진리의 절대성을 의심하면서 궁극적인 판단을 꺼리는 입장)

인 태도를 취하는 것을 탐탁지 않게 여긴 듯하다. 그는

진리와 도덕에 대한 객관적이고도 절대적인 가치 기준을 확신하고 이것을 논

리적인 방법으로 설파했다. 소크라테스는 현실 세계에서 직접 써먹을 수 있는

처세술보다 인간의 본질과 정의로운 행위를 규명하는 일에 노력했다. 윤리학

에서도 행복주의에 머물기보다는 순수한 이상을 추구했다.

그래서 부패하고 타락한 정치인들과 아테네 시민들과 갈등이 있었다. 소크

라테스의 별명은 '아테네의 등에'였다. 등에는 소나 말의 등에 붙어 피를 빨아

먹는 곤충을 가리킨다. 등에가 끊임없이 소를 괴롭혀서 움직이게 만드는 것처

럼, 소크라테스 역시 살찌고 게을러빠진 아테네인들에게 끊임없이 질문을 던

져 생각하게 만들었다는 의미에서 붙여진 이름이다.

소크라테스는 인간 행위의 진정한 주체는 스스로의 영혼(자아)이라고 주장

했다. 그런데 아테네 시민들은 영혼을 자기의 소유물인 명예, 재산, 육체 등에

종속시켰다. 소크라테스는 여기에서 아테네의 정치적, 도덕적 부패가 유래한다고 주장했다. 그리하여 '너 자신을 알라!'라는 말을 통해 시민에게 스스로의 존엄성을 자각시키고 도덕의식을 개혁하려고 했던 것이다. 또한, 무지의 역설(Irony)을 말하고, '산파술'이라 불리는 독특한 문답법을 통해 덕의 본질을 탐구하고자 했다.

소크라테스의 교육 방법은 질문과 응답을 통한 대화 형식으로 진행되었다. 처음에는 쉽고 단순한 문제에서부터 시작하여 점차 심오한 문제로 파고 들어가 스스로 자기의 무지를 인정하게 만드는 것이다. 이처럼 질문을 던져 스스로 무지를 깨닫도록 하는 방법을 '무지의 역설(소크라테스적 반어법)'이라고 한다.

또한, 진리 산출에 도움이 되는 문답법을 '소크라테스의 산파술'이라고도 부른다. 이것은 어머니의 직업에서 따온 방식이라 할 수 있다. 산파는 산모가 아이를 낳을 때 옆에서 도와주는 역할만 한다. 아무리 고통이 크더라도 아이는 산모 자신의 힘으로 낳아야 한다. 마찬가지로 진리라고 하는 옥동자는 배우는 사람 스스로 산출하는 것이지, 스승이 대신하여 낳아 줄 수 없다. 가르치는 사람은 배우는 사람이 스스로 깨닫도록 도와주면 된다.

소크라테스 이후의 철학은 외부의 자연으로부터 인간의 내면적인 영혼(자아)으로 방향을 바꾼다. 그를 4대 성인의 반열에 올려놓고 기꺼이 철인(哲人-철학을 공부하고 가르치는 사람을 철학자라 한다면, 자신의 철학에 따라 살고 죽을 수 있는 사람)이라 부른 것은 진리에 대한 무한한 사랑과 삶에 대한 진지한 자세 때문일 것이다.

2

플라톤

철인왕을 꿈꾸다

플라톤은 기원전 427년경 아테네의 세력 있는 가문에서 태어났다. 그의 아버지 아리스톤은 아테네의 전설적인 왕 코드로스(그리스 신화에 등장)의 자손이고, 어머니 페리크티오네는 그리스 7현인 가운데 한 명인 솔론(아테네의 시인이자 정치가)의 후손이라고 알려져 있다.

명문가 출신의 철학자

플라톤은 어려서부터 명문가 출신에 알맞은 교육을 받았다. 이 시대의 교육은 읽고, 쓰고, 셈하고, 노래하고, 운동하는 것이었다. 플라톤도 레슬링 선수(혹은 교사)에게 몸 단련하는 법을 배웠고, 그림도 공부했으며, 서정시와 비극을 썼다.

펠로폰네소스 전쟁의 소용돌이 속에서 성장한 플라톤은 철학자보다는 정치가의 길을 걸을 뻔했다. 당시 과두 정권을 이끈 크리티아스는 플라톤 어머니의 사촌 오빠였으며, 어머니와 재혼한 퓌릴람

페스는 최고 통치자 페리클레스와 친분이 두터웠다. 따라서 명문 출신의 젊은이들이 그랬던 것처럼, 정치가가 되는 것이 그의 정해진 장래처럼 보였다.

스승 소크라테스를 만나다

플라톤이 철학을 일생의 과업으로 선택한 것은 소크라테스를 만났기 때문이다. 두 사람의 만남은 플라톤이 스무 살 때 디오니소스 극장의 비극 경연 대회에 나갔다가 이루어졌다. 소크라테스의 강연을 듣고 크게 감명한 플라톤은 이렇게 고백했다.

플라톤: 본래 이름은 할아버지의 이름을 딴 아리스토클레스였다. 청소년 시절, 체육관에서 훈련을 받을 때 레슬링 교사가 그의 훌륭한 체격과 넓은 이마를 보고 'Plato(넓다. 평평하다)'라고 부른 데서 'Platon'이라는 이름을 얻었다고 한다.

"제게는 이제 당신이 필요합니다."

그러고는 들고 있던 비극 대본을 그 자리에서 불태워 버렸다. 그때부터 플라톤은 소크라테스의 고상하면서도 겸허한 인품에 빠져 평생을 스승으로 섬겼다.

플라톤은 존경하는 스승에 대한 마음을 다음과 같이 말했다.

"나는 야만인으로 태어나지 않고 그리스인으로 태어난 것, 노예로 태어나지 않고 자유인으로 태어난 것, 여자로 태어나지 않고 남자로 태어난 것, 특히 소크라테스 시대에 태어나 그를 만날 수 있었

디오니소스 극장: 기원전 6세
기 때 지어진 고대 아테네의
극장으로 그리스에서 가장
오래된 야외극장이다. 3대 비
극 시인인 소포클레스, 아이
스킬로스, 에우리피데스의 연
극이 공연된 곳이다. 지금도
이곳에서는 매년 디오니소스
(그리스 신화에 등장하는 술과 축
제의 신) 축제가 열리고 있다.

던 것에 대하여 신에게 감사한다.”

플라톤은 부당한 판결로 사형을 받은 스승 소크라테스의 죽음
에 큰 충격을 받았다. 그 후로 민주주의를 경멸하게 되었고, 정치가
가 되려 했던 꿈마저 깨끗이 단념했다. 대신에 소크라테스의 가르
침을 정리하고 체계화하여 후세에 전하기로 결심했다.

노예 시장에 팔리다

소크라테스가 사형을 당한 직후 위험을 느낀 플라톤은 몇몇 사람들과 함께 메가라로 도망가 숨어 있었다. 플라톤이 스승을 구출하기 위해 노력한 일이 민주주의 정파 지도자들의 의심을 사게 되었기 때문이다. 그는 이탈리아와 이집트 등지를 여행하고 다시 아테네로 돌아와 머물렀다.

마흔 살 무렵, 이탈리아 에트나 화산의 분화구를 구경하러 갔다가 시라쿠스(시칠리아 섬 남동부에 위치한 고대 도시 국가)의 참주(비합법적인 방법으로 지배자가 된 사람) 디오니시우스 1세의 왕궁을 방문하게 되었다.

디오니시우스 1세가 플라톤에게 물었다.

"전제 군주에 대하여 어떻게 생각하는가? 전제 군주는 용감한 사람만 될 수 있는 것인가?"

플라톤은 이렇게 대답했다.

"전제 군주는 비겁한 자 중에서도 가장 비겁한 자입니다. 목숨을 두려워하는 것이 이발사의 면도칼을 두려워하는 자와 다름없으니까요."

자신이 기대했던 것과 전혀 다른 대답을 들은 왕은 화를 버럭 내며 소리쳤다.

"당신의 말은 늙은이의 잠꼬대 같소!"

그러고는 플라톤을 죽이려고 달려들었다. 옆에 함께 있던 왕의 의동생 디온이 간신히 플라톤의 목숨을 구해 스파르타에서 온 사절단에 넘겼다. 그러나 그들은 플라톤을 노예시장에 팔아넘기고 말았다. 이때 돈 많은 상인 안니케리스(쾌락주의를 주장한 키레네학파의 학자)가 몸값 20므나를 치러 석방될 수 있었다.

유럽 최초의 대학, 아카데미아를 세우다

플라톤이 아테네로 돌아온 후, 동료들이 돈을 모아 안니케리스에게 빚을 갚으려 했다. 하지만 안니케리스는 이렇게 말하며 끝내 돈을 받지 않았다.

"당신들만이 철학자를 진정으로 사랑하는 것은 아니라네."

플라톤은 그 돈으로 그리스 신화의 영웅 아카데모스에게 바쳐진 체육관 부근에 '아카데미아'라는 학원을 세웠다. 유럽 최초의 대학이 한 사람의 철학자를 산 돈으로 세워지게 된 것이다. 오늘날 학원이나 학술 단체를 '아카데미'라고 부르는 것도 여기에서 비롯되었다.

아카데미아 입구에는 "기하학자가 아닌 자는 들어올 수 없다."라는 글귀가 쓰여 있었다고 한다. 또 수학을 10년 이상 공부한 사람에게만 입학 자격이 주어졌다고도 한다. 캠퍼스에는 사랑의 신

에로스 상을 세워 놓았는데, 이것은 플라톤이 진리에 대한 사랑을
교육 이념으로 삼았기 때문이다.

아카데미아에서는 스승과 학생들이 만든 하나의 생활 공동체(플
라톤은 시칠리아 섬을 방문했을 때, 피타고라스가 크로톤에 세운 공동체에 깊은 인
상을 받았다.)가 형성되었다. 이곳에서는 영혼을 깨끗하게 하기 위해
잠을 적게 자고 성적 욕망과 육식을 금했다. 철학을 중심으로 수학,
음악, 천문학 등의 과목들을 중시했고, 사회에 유익한 인재를 배출
하는 데 힘을 쏟았다.

플라톤은 수업료를 받지 않았지만 기부금이나 물건의 원조는

사양하지 않았다. 독신이었던 그는 제자들을 자기 자식처럼 사랑했으며, 심혈을 기울여 가르쳤다.

플라톤의 강의는 갈수록 유명해졌다. 그의 명성을 들은 많은 청년들이 그리스 전 지역에서 아카데미아로 몰려들었다. 귀부인들까지 남자 복장을 하고 강의를 들으러 올 정도였으며, 어떤 농부는 밭을 갈다 말고 달려와 강의를 들었다고도 한다. 아리스토텔레스도 이때 아카데미아에 입학했으며, 20여 년간 플라톤에게 학문을 배웠다.

아카데미아는 동로마(비잔틴 제국) 황제 유스티니아누스 1세가 이교사상異教思想을 가르친다고 비난하며 폐쇄한 529년까지, 약 900년 동안 존재했다.

유스티니아누스 1세 : 서로마의 영토를 재정복하려는 꿈을 실현시키고, 『로마법 대전』을 완성했다. 수도 콘스탄티노플(현재 터키의 이스탄불)에 성 소피아 성당을 건축했다.

'플라토닉 러브'의 진실

플라톤과 관련하여 유명한 말이 '플라토닉 러브'다. 플라토닉 러브는 육체적이고 감성적인 욕망과는 다른, 사랑하는 사람의 인격을 존경하고, 그에 대한 정신적인 사랑 정도로 이해된다. 하지만 이 말에는 조금 오해가 있다.

첫째, 플라톤은 여자에 대해 특별히 존경을 나타낸 적이 없다. 오히려 "여자란 남자보다 덕이 훨씬 뒤처지고, 남자보다 약한 족속이며, 잔꾀가 많고 교활하다."라고 주장했다. 심지어 "여자로 태어난 것은 저주임이 틀림없다."라고 확신하면서 "이 세상에서 절제할 줄 모르던 남자, 비겁하고 정의롭지 못한 남자들이 그에 대한 벌로 죽은 후에 다시 여자로 태어나기 때문이다."(W. 바이셰델, 『철학의 뒤안길』에서)라고 이유를 덧붙였다.

플라톤은 결혼에 대해서도 오직 아이를 낳아서 기른다는 관점에서만 보았다. 남자와 여자가 결혼하는 것은 서로에 대한 이해나 사랑이 아니라, 유능하고 훌륭한 성품의 후세를 낳아야 한다는 사명감에서 비롯된다는 것이다. 따라서 나라는 그 일을 위해 적당한 배우자를 찾아 결합시켜 주어야 하는 의무를 가진다고 했다. 이처럼 플라톤이 생각하는 남녀 간의 사랑은 애정이 넘쳐흐르는 것과는 거리가 멀었다(플라톤, 『국가』에서).

둘째, 플라톤은 육체를 가볍게 여긴 적이 결코 없다. 유년 교육에서도 체육과 음악을 필수 과목으로 강조했다. 이것은 스승 소크라테스가 건강을 위해 열심히 체조를 했다는 사실과도 관련이 있어 보인다.

그러면 '플라토닉 러브'라는 말은 왜 생겨났을까? 그것은 플라톤 철학이 갖는 이상적이고 관념적인 성격에 대한 막연한 상상 때문이 아닐까 싶다. 다시 말해, 플라톤은 가장 보편적이고 이상적인 형태인 '이데아(개별적인 사물이 없어지더라도 영원히 변하지 않는 사물의 본질적 존재)'를 향해 나아가야 한다고 주장했다. 이런 주장이 '특수한 형태로서의 육체가 배제된, 가장 정신적이고도 순수한 사랑', 즉 플라토닉 러브라는 언어를 만들어 냈을 것이라는 말이다.

또 하나를 들자면 플라토닉 러브는 철학에 대해 플라톤이 보인 태도의 한 방식이었을 수 있다. 플라톤은 철학을 그 자체로 에로스의 한 방식으로, 본질상 사랑으로 파악하고 있었다. 진정으로 다른 사람을 사랑하는 방법은 '지혜를 사랑하는' 마음처럼 사랑하는 것이다. 즉, 플라토닉 러브의 진정한 의미는 마음과 영혼을 고무시키고 정신적인 것에 집중하는 것이다.

'플라토닉 러브'란 육체의 아름다움을 넘어서 아름다움 그 자체를 얻으려 하는 정신적 활동인 것이다.

아테네 학술원: 그리스 국립 아카데미로 아테네에서 최고 높은 연구 기관이다. 자연 과학, 문자 예술, 도덕·정치 등 세 분야의 연구 기관과 연구 센터, 중앙도서관이 있다. 이곳에 올라가는 양쪽 계단 옆에 플라톤(왼쪽), 소크라테스(오른쪽)의 동상이 세워져 있다.

철학자가 왕이 되어야 한다

『국가』에서 플라톤은 인간의 몸은 머리, 가슴, 배 세 부분으로 이루어져 있고, 그것들이 하는 영혼의 활동은 각각 이성, 의지, 욕망이라고 하였다. 또한 각각의 영혼이 추구하는 덕은 지혜, 용기, 절제이며, 이것들을 모두 합하여 정의正義를 이룬다고 보았다.

나라에도 이에 상응하는 세 계급이 있다. 머리 부분에는 지혜가 월등한 통치 계급이, 가슴 부분에는 용기 있는 무사 계급이, 배 부분에는 절제심을 발휘해야 할 생산 계급이 있다.

한 개인의 육체적 건강은 몸의 각 부분이 자기의 기능을 원활히 수행할 때 달성되고, 영혼의 내적 평화는 각각의 영혼이 자기 임무를 수행하여 그 분수를 넘지 않게 함으로써 가능해진다. 이처럼 이상 국가에서의 정의는 각각의 계급들이 서로 간섭하지 않고 자기 직분에 충실할 때 달성된다. 그러므로 가장 바람직한 인간이란 몸이 건강하고, 영혼의 세 부분이 조화를 이룬 상태에서, 국가 생활에서도 계급에 맞는 자기 위치를 잘 지켜 나가는 사람이다.

몸의 세 부분 중에서도 특히 머리를 중요하게 생각하는 것처럼, 국가 계급에서도 통치 계급은 금金 계급으로서 이상 국가를 실현하는 데 있어 중추적인 역할을 담당한다. 플라톤은 통치 계급에 정치

『국가』: 플라톤의 후기 대화편으로, 10권으로 이루어져 있다. 정의, 국가의 개념 등 거의 모든 분야를 다루고 있다.

지도자뿐만 아니라 철학자도 포함되게 했고, "철학자가 왕이 되든지, 왕이 철학을 공부해야 한다."는 철인왕哲人王 사상을 주장했다.

철인왕이란 지혜를 사랑하고, 지적知的이며, 믿음직스럽고 단순한 삶을 살 의지가 있는 인간을 말한다. 플라톤은 대중을 선원들이라 가정했을 때, 철인왕은 '항해를 떠난 배의 선장'으로 비유했다. 선원들은 자신의 경험을 통해 배를 안전하게 운전할 수 있다고 주장한다. 하지만 그들에게는 해로(바닷길)를 읽어 낼 능력이 없다. 불평불만이 많은 선원이나 선동가들, 정치가들도 능력이 없기는 마찬가지다. 이 사람들이 말하는 대로 하면, 배는 끝내 좌초되고 만다. 투표해서 뽑은 선장에게 해로에 대한 지식이 없다면 똑같은 운명에 놓이게 된다. 따라서 플라톤은 "진정한 선장이라면 배 안의 모든 일을 책임지고 항해에 필요한 조건들, 즉 계절과 하늘과 별, 바람에 대한 지식, 그 밖의 모든 기술을 습득해 놓아야 한다."라고 주장한다.

한편, 플라톤은 철인왕 사상을 주장하여 스스로 왕이 되려 한다는 오해를 받기도 했다. 과연 플라톤이 그런 야망을 가졌을까? 플라톤이 시칠리아를 두 번씩이나 방문하며 철인왕이 나타나기를 기대한 것은 사실인 것 같다. 특히 디오니시우스 1세가 사망하고 디온의 초청을 받았을 때에는 기대감에 부풀었을 수도 있다. 디온은 조카인 디오니시우스 2세가 수학과 철학을 공부하여 첫 번째 '철학자 왕'이 되기를 꿈꾸었기 때문이다. 하지만 디오니시우스 2세 본인이 반대하여 이 일도 실패로 돌아가고 말았다. 플라톤이 철인왕의 출현을 갈망한 건 사실일지라도 스스로 그 자리를 탐냈던 것은 아닌 것 같다.

철학은 플라톤이요, 플라톤은 철학이다 ─────────

플라톤은 젊은 시절엔 우여곡절과 어려움이 많았지만 말년에는 행복했다. 제자들 중에는 여러 분야에서 성공한 사람들이 많았다.

어느 날, 한 제자가 스승 플라톤을 결혼식에 초대했다. 여든 살의 노스승은 축하연에 참석했다. 축제 분위기가 무르익어 가자, 플라톤은 조용한 곳을 찾아 의자에 앉은 채 잠이 들었다. 다음 날 아침, 사람들이 플라톤을 깨웠다. 그러나 움직임이 없었다. 그날 밤 축하연의 환희 속에서 생을 마감한 것이다. 제자들과 이웃 사람들뿐 아니라 아테네의 모든 시민이 플라톤이 안치된 관을 따라 묘지까지 걸어갔다.

19세기에 에머슨(미국의 철학자이자 시인)은 "철학은 플라톤이요, 플라톤은 철학이다."라고 말했고, 20세기에 화이트헤드(영국의 수학자이자 철학자)는 "서양 철학은 플라톤 철학에 대한 해석에 불과하다."라고 주장하였다.

플라톤

아테네의 귀족 출신인 플라톤(B.C. 428년~B.C. 347
년경)은 소크라테스의 제자이자 아리스토텔레스의
스승이었다. 플라톤은 30여 편의 대화록을 남겼는
데, 그 안에 담긴 『이데아론(형이상학)』, 『국가론』 등
은 고대 서양 철학의 최고봉으로 평가받는다.

『이데아론』은 플라톤의 핵심 철학인 이데아Idea와
상기설想起說을 담고 있다. 먼저, 이데아에 대해 살펴보자. 우리 인간은 동굴
(감옥)에 갇혀 있는 죄수와 같아서 사물의 희미한 그림자만 볼 뿐, 참다운 진
리는 보지 못한다. 죄수가 동굴의 밑바닥을 차고 일어나 밖으로 나와야 사물
의 참다운 모습을 볼 수 있듯이, 우리 영혼이 이념의 세계로 비약해야만 보편
적인 이데아를 파악할 수 있다. 그때야 비로소 이데아, 즉 '개별적인 사물이
없어지더라도 영원히 존재하는 불멸의 원형'을 만날 수 있다. 이 세상의 모
든 사물에는 각각의 이데아가 있는데, 그 가운데 최고의 이데아는 '선善의 이
데아'이다. 태양이 만물을 키우듯, 선의 이데아는 전체 세계를 지배하는 이성
이며, 이런 의미에서 우주적 이성이자 신이라고 말할 수 있다. 그리고 이러한
이데아는 오직 철학적 충동(에로스)에 의해서만 포착할 수 있다.

다음으로 상기설을 살펴보자. 우리 영혼이 육체를 입고 이 세상에 태어날 때는 불볕이 내리쬐는 긴 들판을 건너야 했다. 물도 없는 그 들판이 다 끝나 갈 무렵에 레테강(망각의 강)이 나타난다. 갈증에 사로잡힌 우리 영혼은 그 강물을 조금이라도 마실 수밖에 없는데, 물을 마시는 순간 과거(전생)의 기억을 깡그리 잊어버리고 만다. 그리고 이 세상에 태어나 후천적인 교육이나 경험에 의해 잊어버렸던 전생의 기억을 되살리게 된다. 다시 말해, 우리가 이 세상에서 무엇을 배운다는 것은 새로운 지식을 습득하는 것이 아니고, 이미 전생에서 알고 있었던 것을 다시 기억하는 것일 뿐이다. 따라서 지식은 상기에 지나지 않는다는 것이 플라톤의 상기설이다.

플라톤 철학은 두 가지 측면에서 비판을 받는다. 하나는 개인보다 국가를 지나치게 강조했다는 점, 또 하나는 현실과 동떨어진 주장이라는 점이다.

그러나 그 이전의 모든 사상은 플라톤에게서 융합되었고, 그 이후의 철학은 플라톤의 영향으로부터 결코 자유로울 수 없었다는 점에서는 대부분의 학자들이 동의한다.

3

아리스토텔레스

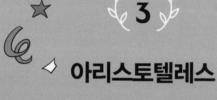

아리스토텔레스는 그리스 북쪽의 트라키아 지방에 있는 스타게이라 마을에서 태어났다. 아버지 니코마코스는 마케도니아의 왕 아민타스 3세 의 친구이자 왕의 주치의였고, 어머니 파에스티스는 부유한 가문의 후손이었다. 왕가와 맺어진 관계 덕분에 아리스토텔레스는 매우 유복한 어린 시절을 보냈다.

그의 아버지는 왕궁 근처에서 두세 명의 하인을 거느리고 부유한 생활을 했으며, 의학이나 자연 과학의 저술가로서도 그 지방에 널리 알려져 있었다. 그의 집안은 자손에게 해부학 훈련을 시키는 것이 관례였다. 아리스토텔레스도 해부학 훈련을 받고 부친의 의술을 도왔을 것이다. 아리스토텔레스가 자연 과학, 특히 생물학에 깊은 관심을 보이고 그의 철학이 현실에 대한 관찰을 기초로 하고 있는 것은 바로 유년 시절의 환경에 영향을 받았기 때문이다.

아민타스 3세: 고대 마케도니아 왕국의 왕으로 필리포스 2세의 아버지이자 알렉산드로스 대왕의 할아버지이다. 그는 스파르타와 아테네 등 강력한 그리스 국가들과 동맹을 맺는 외교 관계로 마케도니아의 독립을 지켜 냈다.

'철학을 공부하라!'는 신탁을 받다

상당히 부유했던 아버지는 아들의 학문 연구를 위해 충분한 재산을 물려주었다. 아리스토텔레스는 이 세상의 물건들을 충분히 소유하는 것도 행복의 조건으로 보았다. 그리하여 호화로운 저택에서 많은 하인을 거느리며 편안한 생활을 하는 것에도 높은 가치를 두었다.

아리스토텔레스는 아버지의 직업을 이어받으려 하지 않았다. 당시에는 지중해 연안의 귀족 자제들 가운데 대다수가 유학을 떠나고 싶어 했다. 아리스토텔레스도 유학 생활을 위해 아테네로 가고 싶어 했다. 가족들은 아테네로 보내 주는 대신 그곳에서 무엇을 해야 좋을지 신탁에 물어보도록 했다. 아리스토텔레스에게 내려진

신탁은 '철학을 공부하라!'였다. 신이 다른 대답을 주었다면 서양 철학사가 어떻게 전개되었을지 알 수 없는 일이다.

열일곱 살에 아테네로 유학을 떠난 아리스토텔레스는 곧바로 플라톤의 아카데미아에 들어갔다. 그리고 스승이 죽을 때까지 아카데미아에서 20년 동안 공부했다.

아리스토텔레스: 스승 플라톤이 죽은 후, 아카데미아를 떠나 리케리온에 학원을 세웠다. 숲을 산책하면서 강의한다 하여 소요학파라는 이름으로 불렸다.

플라톤의 수제자가 되다

아리스토텔레스는 플라톤이 가장 아끼는 수제자였다. 아리스토텔레스의 부지런함과 뛰어난 재능을 보고 플라톤은 '책벌레'라거나 '아카데미아의 예지'라는 별명을 붙여 줄 정도로 아꼈다. 아리스토텔레스가 얼마나 부지런했는지 "그에게는 고삐가 필요하다."라고 말했다고 한다. 또, 아리스토텔레스가 지각을 하면 의미 없는 말을 하며 시간을 보내다가 아리스토텔레스가 도착하면 강의를 시작했다고 한다.

아리스토텔레스 역시 스승을 매우 존경했고, 그 정중한 태도는 일생 동안 변하지 않았다. 훗날 그는 "나의 스승은 악한 사람들이

〈아테네 학당〉: 라파엘로가 플라톤이 세운 아카데미아를 상상하여 그린 작품으로 1509년에 작업을 시작해 1511년에 완성됐다. 플라톤과 아리스토텔레스가 그림의 중심에 있다. 플라톤은 오른손 손가락으로 하늘을 가리키고 있는데, 이것은 이데아를 상징한다. 아리스토텔레스는 오른손 바닥을 땅을 향해 뻗고 있는데, 과학적 관찰과 실험을 중시했던 그의 현실주의적 철학을 상징한다.

감히 칭찬해서도 안 되는 사람이며, 심지어 신이다."라고까지 말했다.

　그러나 아리스토텔레스처럼 뛰어난 재능을 가진 사람은 결국 자신의 고유한 철학 사상에 도달하기 마련이다. 아리스토텔레스는 스승의 가르침에 모두 동의할 수는 없게 되어 자신의 사상을 다져 가기 시작했다. 이에 대해 플라톤이 서운함을 드러내기도 했다.

　"망아지가 자기를 낳아 준 어미 말을 뒷발로 걷어차듯이, 아리스토텔레스가 나를 걷어찬다."

　그러나 플라톤에 대한 아리스토텔레스의 비판은 사상적인 견해 차이에 따른 것일 뿐, 결코 스승에 대한 악의나 교만에서 온 것이 아니었다. 아리스토텔레스의 말에서 그 마음을 알 수 있다.

　"플라톤의 학설을 비판한다는 것은 사제지간의 정과 도리 때문에 괴로운 일이다. 그렇지만 친밀한 관계를 희생시키는 일이 있더라도 진리를 지키는 일이 바람직하다고 생각하며, 나아가 학문하는 사람의 의무이기도 하다."

아카데미아를 떠나다

　플라톤이 죽은 후 스페우시푸스(플라톤의 조카로 누이의 아들)가 아카데미아의 새 원장으로 임명되자 아리스토텔레스는 그곳을 떠나고 만다.

　기원전 347년, 아리스토텔레스는 같은 신념을 가지고 있던 테오프라스토스, 제노크라테스와 함께 여행길에 올랐다. 목적지는 터키 아나톨리아 반도의 아타르네우스 왕국이 지배하던 아소스 지역이었다. 그가 이곳을 선택한 이유는 아소스 왕국의 통치자인 헤르미아스와 아카데미아에서 함께 공부하는 동안 친분이 두터워졌기 때문이다. 또, 아버지가 세상을 떠난 후 한때 이곳 수도원에서 생활한 적이 있었다.

한편, 마케도니아의 왕 필리포스 2세의 요청이 결정적이었다는 이야기도 있다. 당시 필리포스 2세는 페르시아 제국을 넘어 중앙아시아까지 진출할 꿈을 꾸고 있었다. 그러기 위해서는 전략적 거점인 아타르네우스와의 동맹이 절실했다. 마침 페르시아의 지배를 받고 있던 아타르네우스 왕국은 아카데미에서 공부하고 돌아온 헤르미아스가 왕위를 물려받은 이후 세력을 넓혀 가던 중이었다. 이런 이유로 필리포스 2세가 헤르미아스와 인연이 있는 아리스토텔레스에게 아소스로 가도록 요청했다는 것이다.

아리스토텔레스는 아소스에 아카데미아의 분교를 세우고, 3년간 강의를 했다. 그는 이곳에서 헤르미아스 왕의 양녀(수양딸)인 피티아스와 결혼해 딸 하나를 얻었다. 아리스토텔레스의 『니코마코스 윤리학』을 편찬한 아들 니코마코스는 피티아스가 죽은 후 재혼하여 낳은 아들이다.

『니코마코스 윤리학』: 세계 최초의 체계적인 윤리학 저서로 10권에 달한다. 아리스토텔레스의 세 편의 『윤리학 강의안』 가운데 하나이다.

아타르네우스의 참주 헤르미아스는 아리스토텔레스를 통해 전해 온 필리포스 2세의 전략적 협력 방안을 흔쾌히 받아들였다. 아소스에 철학 학교를 세우는 데에도 후원을 아끼지 않았다. 그런데 기원전 343년, 페르시아 제국의 아르타크세르크세스 3세가 에게해 연안의 나라들을 차례로 침략해 왔다. 초조한 마음으로 헤르미아스는 마케도니아 동맹군을 기다렸지만, 그들은 끝내 나타나지 않았다. 마케도니아 일부 세력들이 '아타르네우스와 페르시아가 협력하여 우리를 공격해 올지도 모른다.'라고 염려하면서 마케도니아 동맹군 출정을 막았기 때문이다. 이때 페르시아 제국이 휴전을 제안하며 헤르미아스에게 방문을 요청했다. 마케도니아가 페르시아를 침공할 계획이 있다는 정보를 입수한 그들은 헤르미아스를 잡아 심문하려는 계획이었다. 그러나 헤르미아스는 동맹국과의 비밀 서약에 대한 의리와 아리스토텔레스와의 우정을 앞세워 끝까지 비밀을 지켰다. 기원전 342년, 헤르미아스는 죽기 직전에 이렇게 말했다.

"친구에게 전해 달라! 나는 철학의 가치를 모르는 부끄러운 일은 결코 하지 않았다고."

아리스토텔레스는 훗날 아폴론 신전이 있는 델포이에 헤르미아스의 기념물을 세우고 시를 바치며 친구를 추모했다.

알렉산드로스 왕자 프톨레마이오스 1세 카산드로스

왕이 될 남자

알딸딸...

그 후 아리스토텔레스는 마케도니아의 필리포스 2세의 요청으로 열세 살인 알렉산드로스 왕자의 스승으로 초빙되었다. 아리스토텔레스는 알렉산드로스 왕자 이외에도 프톨레마이오스 1세와 카산드로스(알렉산드로스 대왕의 장군이었던 안티파토루스 아들로 훗날 마케도니아 왕이 되었다.)도 함께 가르쳤다는 기록이 있다. 아리스토텔레스는 펠라(마케도니아 왕국의 수도. 현재 그리스 북부의 한 주)의 궁정에서 3년 동안 왕자에게 윤리학, 철학, 문학, 정치학, 자연 과학, 의학 등을 가르쳤다.

그러나 알렉산드로스 왕자는 공부보다 술 마시기, 말 타기 등을 더 좋아했다. 게다가 성질이 난폭하여 다루기도 힘들었다. 얼마 지나지 않아 아리스토텔레스가 그만두려는 것을 눈치챈 왕실은 더

프톨레마이오스 1세: 알렉산드로스 대왕의 장군이었다. 기원전 305년부터 왕이라 칭하고, 이집트 프톨레마이오스 왕조를 세웠다. 수도 알렉산드리아를 그리스 문화 중심지로 만들고, 박물관과 도서관을 건설하고 많은 학자들을 초빙했으며, 세계의 불가사의로 불리는 '파라오의 등대'를 건설했다. 그의 후손은 클레오파트라까지 이어졌다.

극진히 대우했고, 파괴된 그의 고향 스타게이라를 복구하는 일에도 도움을 아끼지 않았다. 아리스토텔레스는 다시 마음을 고쳐먹고 왕자를 가르쳤고, 왕자도 스승에게 감동하여 착실하게 공부하기 시작했다.

한편, 알렉산드로스가 부왕의 섭정(군주를 대신하여 나라를 다스림)으로 임명된 뒤에는 사제 간의 친밀한 관계가 예전만 못했다. 그것은 학구적 정신으로 일관된 천재적 사색인(아리스토텔레스)과 실천적 기백이 충실한 탁월한 행동인(알렉산드로스) 사이의 근본적인 차이에서 비롯되었다고 볼 수 있다. 이보다 더 직접적으로 두 사람의 관계를 악화시킨 것은 알렉산드로스가 아리스토텔레스의 조카를 처형한 사건이었다. 아리스토텔레스는 "알렉산드로스를 신으로 경배하라!"는 명령을 거부한 조카 칼리스테네스의 처형에 격렬하게 항의했다. 하지만 알렉산드로스는 스승의 항의를 묵살해 버렸다.

사실 이 일로 아리스토텔레스의 목숨까지 위태로워질 수 있었다. 그의 후임으로 온 왕자의 가정 교사가 반란죄로 체포되어 사자의 밥이 된 사건이 있었기 때문이다. 아리스토텔레스를 음해하려는 사람들은 그가 알렉산드로스를 독살하려는 음모에 가담했다고 죄를 뒤집어씌웠다. 그러나 그때 이미 아리스토텔레스는 아테네로 돌아와 있었고, 왕이 사제지간의 의리를 중시하여 무사했다고 짐작된다.

기원전 339년, 제노크라테스는 아타르네우스에서 아카데미아로 돌아와 총장직 선거에 나섰다. 그리고 플라톤의 조카인 스페우시푸스와 접전을 벌인 끝에 아카데미아의 총장 자리에 취임했다.

다음 해인 기원전 338년에는 마케도니아가 그리스를 정복했다. 2년 후인 기원전 336년에 아버지 필리포스 2세가 암살되자, 스무 살의 알렉산드로스 왕자는 왕위에 올랐고, 곧이어 그리스 연맹의 맹주(동맹국의 우두머리) 자리를 차지했다. 알렉산드로스 대왕 시대가 열린 것이다. 그가 왕위에 오른 이듬해, 아리스토텔레스는 아테네 동부 교외 아폴론 신전 부근 리케이온 광장에 학원을 세웠다. 그리고 오로지 학문 연구에 몰두하고 제자를 가르치는 데에만 힘썼다. 제자들과 더불어 나무가 우거진 가로수 길을 산책하면서 강의했다 해서 아리스토텔레스의 학파를 소요학파라고 부른다. 그 학원에서는 모두가 함께 식사를 했으며, 매일 한

알렉산드로스 대왕: 그리스, 페르시아, 인도에 이르는 대제국을 건설한 왕이다. 아리스토텔레스의 제자였다.

리케이온: 고대 아테네의 숲속에 있던 체육장이자 공공 모임 장소이다. 아테네인들의 수호신 아폴론 리케이오스를 기리기 위해 붙여진 이름이다.

번씩 잔치를 베풀어 사교와 대화를 즐겼다.

아카데미아가 사변철학(머릿속으로만 수행하는 철학)에 기울어졌다면, 아리스토텔레스의 학원은 자연 과학 분야에 치중하는 경향이 있었다. 아리스토텔레스는 학원 안에 많은 책들을 모아 놓았는데, 그 가운데에는 수많은 지도와 외국의 헌법, 동식물의 표본도 포함되어 있었다. 세계 최초의 동물원도 이때 만들어진 것으로 보인다. 특히 아리스토텔레스와 제자 테오프라스토스(플라톤과 아리스토텔레스에게서 배웠으며, 식물학의 창시자라 일컬어진다.)가 아카데미아를 떠나면서 비밀리에 가지고 나왔던 책과 원고들도 포함되어 있었을 것으로 추측된다. 특히 알렉산드로스 대왕은 이 학문적 수집을 돕기 위해 아리스토텔레스에게 큰돈을 기부했다. 또, 마케도니아 제국 안의 사냥꾼과 어부들에게 학술적 가치가 있음직한 것은 무엇이든지 아리스토텔레스에게 보내라는 명령을 내리기도 했다.

아리스토텔레스가 광범위한 학문 분야에서 해박한 지식을 가질 수 있었던 것은 그의 재능과 더불어 제자(알렉산드로스 대왕)가 제공한 풍부한 자료 덕분이었을 것이다. 결과적으로 학원의 위상은 아카데미아를 능가했다.

아테네 사람들이 철학에 죄를 짓지 않도록 하기 위하여

아리스토텔레스의 제자들도 다른 학생들과 마찬가지로 스승의 괴팍한 면을 주의 깊게 관찰했다. 특히 아리스토텔레스의 잠자는 모습에 관심이 많았다. 아리스토텔레스는 항상 배 위에 뜨거운 기름을 담은 가죽 주머니를 놓고 잤다. 그가 위장병으로 고생하다가 죽은 사실로 미루어 보면 그 주머니는 반드시 필요했을 것이다.

제자들이 더 궁금하게 여긴 것은 두 가지였다. 첫째는 스승이 잠자는 시간을 어떻게 줄였을까였고, 둘째는 스승이 재빨리 잠에서 깨어나 생각하는 자세로 돌아오는 방법이었다.

제자들이 관찰한 바에 따르면, 아리스토텔레스는 휴식을 취할 때 손에 청동 구슬을 쥐고 그 밑에는 그릇을 놓아두었다. 스르르 잠이 들라치면 구슬이 떨어져 그릇에 부딪혔고, 아리스토텔레스는 그 소리에 놀라 깨어나서 철학적인 사색을 이어 갈 수 있었던 것이다.

하지만 아리스토텔레스의 학문적인 평화는 오래 가지 못했다. 기원전 323년 알렉산드로스 대왕이 바빌론에 돌아와 아라비아 원정을 준비하던 중, 갑자기 죽고 말았다.

아테네 시민들은 환호하며 마케도니아 당을 무너뜨리고 독립을 선언했다. 그리고 아리스토텔레스를 알렉산드로스의 측근으로 지목하여 정치범(국가 혹은 국가 권력을 침해하여 불법 행위를 저지른 사람을 말한다.)으로 고소했다. 하지만 죄에 대한 증거가 충분하지 않았다. 시민들은 다시 '신을 모독했다.'는 구실로 그를 고소했다. 배심원들과 대중들은 아리스토텔레스에게 강한 적개심을 가지고 있었다. 상황이 여의치 않자 아리스토텔레스는 테오프라스토스에게 학원을 넘겨주고 칼키스로 몸을 피했다. 이때 이런 말을 남겼다.

"아테네 사람들로 하여금 두 번씩이나 철학에 대하여 죄를 짓지 않도록 하기 위하여(첫 번째 죄는 소크라테스를 사형시킨 일을 가리킨다.)!"

그러나 비겁한 도주는 아니었다. 아테네에서 피고인은 스스로 추방되는 쪽을 선택할 권리가 있었기 때문이다.

아리스토텔레스는 그 이듬해 오랫동안 앓아 왔던 위장병으로 세상을 떠났다.

아리스토텔레스

그리스의 철학자인 아리스토텔레스(B.C. 384년~B.C. 322년)는 소요학파의 창시자이다. 우리가 쓰는 용어 가운데 형이상학形而上學이란 말이 있는데, 이 단어가 아리스토텔레스와 관계가 있다. 영어로 metaphysics(형이상학)라는 말은 그리스어의 'meta ta physika(『자연학』의 다음)'라는 말에서 유래했다. 이것

은 아리스토텔레스 책의 순서상 『형이상학』이 『자연학』의 다음에 편집되었기에 붙은 이름이다. 별 뜻 없이 붙여진 이름은 차츰 자연학의 배후 또는 '그것을 초월해 있는, 그 어떤 것에 대한 학문'이란 뜻으로 바뀌어 갔다. 다시 말해 '눈으로 보기니 손으로 만질 수 있는 자연을 넘어서 있는 어떤 것, 비록 나타나지는 않지만 자연의 피안(현상의 건너편. 보이는 세계가 아닌 곳)에 자리하고 있으면서 존재하는 것을 존재하게끔 하는 바로 그것에 관한 학문'이란 의미로 변화되어 간 것이다. 그리고 오늘날에는 '사물의 일반적 원인이나 존재의 근원을 다루는 철학의 한 분과'로 이해하게 되었다.

아리스토텔레스는 행복이란 모든 생물이 자기의 타고난 능력을 완전히 발휘하는 데에서 달성된다고 보았다. 식물은 영양과 번식 기능을 함으로써, 동물은 여기에 덧붙여 감각과 운동 능력을 충분히 발휘함으로써 그들의 덕을

아리스토텔레스의 중용을 실생활에 활용해 보면…

다한다. 마찬가지로 인간은 그 본성으로서의 이성 능력을 완전히 발휘함으로써 가장 좋은 상태, 심지어는 신의 본질에까지 다가갈 수 있다. 이성 능력을 발휘한다는 것은 우리 인간이 양쪽 극단을 피하여 중용中庸을 지키는 것을 의미한다. 중용이란 지나침과 부족의 중간 상태를 말한다. 즉, 지나치지도 모자라지도 않는, 가장 알맞은 상태이다. 예를 들면, 만용과 비겁의 중용은 용감(용기)이고, 방종과 무감각의 중용은 절제, 낭비와 인색의 중용은 관대이다.

아리스토텔레스에 따르면, 때와 장소에 따라 서로 다른 국가 형태가 나올 수 있다. 통치자의 수를 중심으로 보면 일인 지배의 군주제와 소수 지배 체제인 귀족제, 다수가 지배하는 민주주의 체제로 나눌 수 있는데, 이것들이 변질되어 전제 정치(지배자가 아무런 제한 없이 권력을 운용), 과두 정치(소수의 사람이나 집단이 권력을 독점), 우민 정치(지배 계급이 민중의 비판력을 빼앗음으로써 체제의 안정을 얻으려는 정치)가 나온다.

교육론에서 아리스토텔레스는 인간의 자연적 소질을 완성하는 것이 교육의 임무라고 보았다. 그러나 플라톤처럼 개인의 교육을 국가가 평생 간섭해야 한다고 주장하지는 않았다.

　　우리가 플라톤을 천재적 영감靈感에 번득이는 시인이라 부른다면, 아리스토텔레스는 분석적 사고의 산문가라 불러야 마땅할 것이다. 어떻든 정신적 세계의 제왕(플라톤)을 스승으로 삼고, 현실 세계의 제왕(알렉산드로스 대왕)을 제자로 삼은 아리스토텔레스야말로 보기 드문 행운아임에 틀림없다.

4

◇ **아우구스티누스**

개인의 영혼 문제를
철학의 출발점으로 삼다

고백록

아우구스티누스는 초대 기독교회의 교부('교회의 아버지'라는 뜻으로, 기독교 신학의 주춧돌을 놓은 지도자들을 가리킨다.)라고 불린다. 하지만 로마 제국의 세금 징수관이었던 아버지는 마니교(3세기 초엽 페르시아 사람 마니를 교조로 하는 종교. 조로아스터교, 불교, 기독교, 원시 신앙을 뒤섞어 만들었다.)를 믿었다. 어머니 모니카는 훗날 기독교회에서 삼현모(세 명의 어진 어머니) 가운데 한 사람으로 손꼽힐 만큼 독실한 신앙인이었다.

아우구스티누스는 354년 북아프리카 지중해 해안에 위치한 작은 도시 타가스테(오늘날 알제리의 수크아라스)에서 태어났다. 이때까지만 해도 로마 제국은 국경 변두리의 잦은 침입에 맞설 수 있을 정도로 단단한 나라였다. 로마 교회 또한 제국의 구석구석까지 세력을 떨치고 있었다. 하지만 북아프리카 누미디아 지역에 살고 있던 로마인들의 삶은 급격히 기울었다. 특히 고원지대에서 올리브 농사에 의존했던 타가스테 로마인들의 생활은 참으로 궁핍했다. 아우구스티누스의 집안도 로마인으로서의 품위를 지키기 어려울 정도로 가난했다.

아우구스티누스는 자식의 성공만이 가난을 이겨 낼 열쇠라고 믿었던 아버지를 '가난한 시민이었다.'라고 묘사했다. 부유하지 못했지만 로마 시민으로서의 자부심이 강했던 아버지의 소시민적 삶을 '가난하지만 당당한'이라는 한마디에 담은 것이다.

아우구스티누스: 기독교의 정통 교리를 확립한 철학자이며 사상가였다.

청소년기에 방황과 일탈에 빠지다

아우구스티누스는 여섯 살 때 문법 학교(그리스어나 라틴어의 문법과 문학을 가르치던 서양의 중등 교육 기관이었지만, 후에 중등학교로 발전했다.)에 들어갔다. 하지만 공부에 취미가 없어 장난과 놀이에 몰두했다. 그런 중에도 시 암송이나 웅변 등에는 소질을 나타냈다. 아버지는 아들을 정치적으로 출세시키기 위해 마다우라(마다우로스, 고대 누미디아의 도시. 현재 북아프리카 알제리의 동북부 지중해 연안에 있다.)로 보내 철학자 아플레아우스 밑에서 공부하도록 했다.

그러나 열여섯 살 때에 가정 형편이 기울어 학업을 중단하고 고향으로 돌아오게 된다. 이때부터 그는 불량한 친구들과 어울려 도

카르타고: 기원전 814년 무렵 페니키아인이 북아프리카의 튀니스만 북쪽 연안에 건설한 도시이다. 카이사르(시제)에 의해 재건되어 로마제정 시대에 크게 번성했다. 특히 수사학, 법률학 등 학문 연구의 중심지가 되었으며, 3세기에는 기독교 신앙의 중심지가 되었다.

둑질, 거짓 연애 등 나쁜 일을 저지르기 시작했다. 남의 집 정원에서 배를 훔쳐 먹는 것 정도는 아무렇지 않게 여겼다. 아버지는 아들의 삶을 안정시킬 목적으로 결혼을 서둘렀는데, 어머니가 반대했다. 어머니는 아들을 바른 길로 이끌기 위해 온갖 노력을 다했다.

370년 집안 형편이 조금 나아지자, 아버지는 아들을 법률가로 만들기 위해 카르타고에 있는 평민학교에 입학시켰다. 그러나 여기서도 난폭한 학생들과 어울리며 시간을 허비했다. 아우구스티누스가 직접 가담하지는 않았지만 스스로를 혁명가로 자처한 그들은 한밤중에 죄 없는 행인을 덮치기도 했다. 바른 생활과는 거리가 먼 청년기를 보낸 그가 장차 '서양의 가장 위대한 교부'가 되리라고 예상했던 사람은 아무도 없었다.

마니교 신자가 되다

아우구스티누스는 열아홉 살 때 어머니와 한마디 상의도 없이 노예 출신의 여자와 동거를 시작했고, 아들도 낳았다. 이 시기에 그는 육체적인 유혹과 이상 사이에서 고민이 컸다. 아우구스티누스가

마니교에 귀의한 것도 악惡의 문제에 관한 고민을 해결하기 위해서였던 것으로 보인다. 그는 9년 동안 마니교에 충실하여 지도자로서 존경도 받았다.

　고향을 떠난 지 4년 뒤에 아우구스티누스는 아내와 세 살 된 아들을 데리고 고향으로 돌아왔다. 그러나 기독교를 버리고 마니교 신자가 된 아들을 본 어머니는 눈물을 머금고 아들과 며느리, 손자를 쫓아냈다.

다시 기독교인으로 돌아오다 ————————————

아우구스티누스는 다시 카르타고로 돌아갔다. 스물아홉 살 때에는 로마의 수사학(정치 연설이나 법정의 변론에서 효과를 거두기 위해 배우는 화법) 교사로 초빙을 받았다. 그러나 카르타고에 와 있던 어머니가 반대하자 로마로 몰래 도망쳤다. 1년 후에는 다시 수사학 교사로 초빙되어 이탈리아의 밀라노로 갔다. 밀라노는 374년 성聖암브로시우스가 밀라노의 대주교가 되면서부터 이탈리아 북부의 종교적인 중심지가 되었다. 여기서 아우구스티누스는 주교 암브로시우스(서방 교회의 4대 교부 가운데 한 사람. 아리우스파에 맞서 정통 기독교의 개혁을 이뤘다.)의 강론(가톨릭 성직자가 미사 등에서 신앙의 신비와 그리스도인 생활 규범을 성경 구절로 해설하는 것)에 큰 감화를 받고, 성경 속에 깊은 계시가 들어 있다는 사실을 알게 되었다.

그 후 서른두 살 되던 해의 늦은 여름, 그는 밀라노의 한 정원에서 "펴서 읽어라!"라는 어린아이들의 노랫소리를 들었다. 불현듯 느끼는 것이 있어서 『신약 성서』를 집어 우연히 펼친 곳을 읽어 내려갔다. 거기(『로마서』 13:13-14)에는 이렇게 쓰여 있었다.

"열락과 술주정, 음란과 방탕, 싸움과 시기를 버리고 낮에 행동하는 사람처럼 단정합시다."

큰 충격을 받은 아우구스티누스는 곧바로 학교에 사직서를 제출하고 영세(가톨릭에서의 세례) 준비를 시작했다.

한편, 이곳에 와서 함께 살고 있던 어머니의 권유로 열두 살의 양갓집 규수와 약혼했다. 14년 동안 동거하던 여자와 헤어지면서 그때의 심정을 이렇게 고백했다.

"나는 그 여자를 떠나보낼 때, 마음이 찢어지는 것 같았다."

그러나 얼마 후, 다시 약혼녀가 아닌 다른 여자를 가까이했다. 약혼녀의 나이가 너무 어려 2년 후에나 결혼할 수 있었기 때문이다.

사도 바울: 현재 터키의 중심 도시인 다소 출신으로 초기 기독교의 사도이다. 처음에는 예수를 믿는 사람들을 박해하다가 이후 회개하여 기독교의 지도자가 되었다. 『신약 성경』의 많은 부분을 저술했다.

이런저런 일로 고민하던 어느 날, 친구 폰티키아누스가 찾아왔다. 황실의 높은 지위에 있던 그는 아우구스티누스가 사도 바울 의 편지를 즐겨 읽는다는 사실을 알고는, 트레베로스에서 자기가 직접 겪은 일을 들려주었다.

"황제가 경기장에서 구경을 하고 있는 동안, 나는 다른 동료들과 근방에 있던 정원을 산책하고 있었네. 그러다가 우연히 동료 두 사람이 어느 조그만 오두막집에 들어가게 되었어. 그곳에서 그들은 '스무 살 때 부모를 잃고 모든 인간의 욕망과 영화를 내던진 채, 산속에 들어가 수도사의 생활로 일생을 마친' 안토니우스(이집트의 가톨릭 사제이자 성인)의 생애에 대한 기록을 발견했다네. 그걸 읽어 본 동료들은 큰 충격을 받았지. 안토니우스는 자기 재산을 다 팔아 가난한 사람들에게 나눠 주고 광야로 나가 은둔 생활을 했던 사람이 잖은가? 이 이야기를 읽고 '거룩한 사랑'과 '건전한 수치감'에 압도 된 한 친구가 다른 친구에게 이렇게 말을 했다네. '우리가 이렇게 고생하면서 추구하는 목적이 무엇인가? 우리가 정말 원하는 것이 무엇이야? 우리가 나라를 위해 일하는 이유가 도대체 무엇인가? 우 리가 궁중에서 아무리 열심히 일해도, 황제의 친구가 되는 것 이상 은 바랄 수 없잖은가? 설령 황제 자리에 오른다 할지라도, 그 자리 가 얼마나 불안정하고 위험한 자리인가? 그 자리에 오르려고 할 때, 또 얼마나 많은 위험을 치러야 하고? 그러나 하나님의 친구가 되기 원하면, 지금이라도 바로 될 수 있지 않은가?' 두 사람은 황제의 측 근이라는 자리를 즉각 버리고, 오직 하나님께만 충성하기로 결심했 다네. 뒤늦게 그들과 만난 나와 친구들이 '이제 날이 저무니 돌아가 자.'라고 말했지만 두 친구는 자기들을 그냥 내버려 달라고 부탁했 지. 나와 친구는 땅의 것(속세나 현실을 의미)에 다시 마음을 두고 궁전 으로 돌아왔고, 안토니우스를 알게 된 두 사람은 마음을 하늘에 두 고 그 집에 머물렀다네."

폰티키아누스의 이야기를 듣는 동안 아우구스티누스는 깊은 자 기 성찰을 하게 되었다. 그러고 나서 곁에 있던 친구 알리피우스 를 붙들고 말했다.

"우리는 무엇이 잘못되었지? 교육을 받지 못한 사람들도 천국을 얻는 마당에 모든 학문을 닦았다고 하는 우리는 지금도 진흙탕에서 뒹굴고 있지 않은가? 자, 지금 일세. 땅의 것을 끊을 때는 바로 지금이야!"

그러고 나서 아우구스티누스는 결혼을 기다리던 약혼녀에게 파혼을 선언했다.

한편, 아들을 위해 30년 동안 정성으로 기도했던 어머니는 기쁨의 눈물을 흘렸다. 아우구스티누스의 내면세계는 아버지의 교육열보다 어머니의 훈육을 통해 형성되었다고 볼 수 있다. 아버지가 기독교적 교육에 관심이 없었던 것과 달리, 철저히 기독교적인 가문에서 자라난 어머니는 확고한 신앙과 엄격한

알리피우스: 타가스테 출신으로, 아우구스티누스와 어렸을 때부터 친구이자 그의 학생이기도 했다. 384년 아우구스티누스가 동거녀와 아들과 함께 밀라노로 갈 때 동행했다. 이때 그는 법학 공부를 마치고 변호사 개업을 준비하고 있었다.

훈육으로 아들을 모범적인 기독교인으로 키우고자 했던 것이다. 훗날 아우구스티누스는 자신을 기독교로 돌아오게 만든 가장 큰 힘은 어머니의 기도라고 고백했다.

히포 교회의 주교가 되다

아우구스티누스는 서른세 살에 밀라노로 가서 암브로시우스에게 세례를 받았다. 그러고 나서 어머니와 아프리카로 가려고 했는데, 출발 직전에 어머니가 병을 얻어 세상을 떠나고 말았다. 좌절한 나머지 다시 로마로 갔다가 이듬해 고향인 타가스테로 돌아왔다. 슬픔을 극복한 그는 아버지의 유산을 정리한 뒤에 자신의 집에서 몇몇 동지와 함께 청빈 생활을 시작했고, 기도와 연구에 몰두했다.

서른일곱 살(391년)에는 발레리우스의 설교를 들으려고 히포 레기우스(북아프리카 해안에 있는 2개의 고대 항구 가운데 하나. 지금의 알제리 안나바 시 근처)의 거리에 나갔다. 거기서 발레리우스 주교의 간청과 시민들의 성화에 못 이겨 타가스테의 사제직을 떠맡게 되었다. 그는 동지들과의 공동생활을 해체하고 아버지의 유산을 전부 교회에 바친 다음, 교회로 거처를 옮겨 그곳에서 죽을 때까지 살았다.

395년 발레리우스 주교가 늙어 쇠약해지자 4년 동안 부주교가 되어 보좌했다. 이듬해 발레리우스가 사망한 뒤에는 그의 뒤를 이어 주교로 임명되었다. 주교는 강론과 사제직이라는 성직자의 정신적 의무뿐만 아니라 교회의 막대한 재산을 관리하는 일도 맡아야 했다. 아우구스티누스는 성직자로서의 활동에는 최소한의 시간만을 쓰고, 대부분의 시간을 신학과 철학 분야의 책을 쓰는 데 보냈다.

430년 8월 28일, 아우구스티누스는 피난민을 돌보다가 열병에 걸려 일흔여섯 살에 세상을 떠났다. 반달족(게르만인의 한 부족)이 히포를 점령하기 얼마 전이었는데, 반달족의 야만적인 파괴 행위는 3개월간이나 계속되었다. 그러나 아우구스티누스의 성당과 도서관만큼은 부수지 않았다고 한다.

철저한 자기 고백과 회개로 쓴 『고백록』

아우구스티누스는 말년에 젊은 시절을 되돌아보며 회개한 적이 있다. 책임지지도 못할 여성과의 교제나 웅변술로 자기 이름을 드러내며 거드름 피웠던 일은 물론이고, 다른 사람들이 보기에는 전혀 문제될 것 없는 것까지도 죄라고 여겼다. 예를 들어, 학생 시절에 공부보다 놀기를 더 좋아한 것, 구구단 외우기에 열중하기보다는 트로이의 화재이야기를 더 많이 한 것, 극장에 자주 간 것도 죄

유적으로서, 독일 고고학자 슐리만이
1870년부터 발굴하면서 밝혀졌다. 트
로이의 왕자가 스파르타의 왕비를 유
괴하여 고대 그리스와 트로이 사이에
일어난 전쟁을 트로이의 전쟁이라고
한다. 10년간의 전쟁에서 그리스군이
트로이를 차지했다. 호메로스는 『일리
아드』와 『오디세이』에서 '트로이는 더
없이 풍요롭고 수많은 보물을 지녔던
도시였다. 하지만 그리스 연합군과 전
쟁을 벌였다가 패배하여 도시 전체가
불탔다.'라고 썼다.

『고백록』: 아우구스티누스가 마흔 살
에 쓴 자서전으로, 방탕했던 시기에서
마니교에 빠졌다가 기독교 신앙을 갖
기까지의 참회 생활을 중심으로 기록
했다. 루소, 톨스토이의 것과 더불어
3대 고백록에 속한다. 자서전이라고는
하지만 신학 체계가 매우 탁월한 작품
으로, 자신에 대한 기록 10권과 성경에
대한 해석 3권 등 총 13권으로 이루어
져 있다.

라고 생각했다. 심지어 젖먹이 때 젖을 달라고 보채
며 큰 소리로 울었던 일조차 죄를 지은 것이 아닌가
하고 반문할 정도였다. 이처럼 철저한 자기 고백과
회개가 『고백록』의 유명한 구절을 쓰게 했는지 모
른다.

말년의 아우구스티누스는 젊은 시절의 일들을
없었던 일로 만들기를 바랐을 것이다. 그러나 만일
아우구스티누스가 처음부터 모범적인 사람이었다
면 성인聖人이 되었을지는 몰라도 더 인간적이지는

못했을 것이다. 그렇게도 한탄하던 젊은 시절의 방탕이 없었다면, 냉혹한 신학자나 자기 신념에만 매달리는 고지식한 철학자에 머물렀을지도 모른다. 인간적인 방탕과 죄로 인하여 그의 위대함은 오히려 더 빛을 발하는 것이다.

아우구스티누스

아우구스티누스(354년~430년)는 초대 기독교회가 낳은 위대한 철학자이자 사상가였다. 예수의 제자들에 의해 전파된 기독교 복음은 원래 단순하고 소박했다. 그것을 해석하는 입장에 따라 서로 다른 설이 나왔는데, 어떤 해석을 정통으로 볼 것인지, 이단으로 볼 것인지 하는 문제가 제기되었다. 이러한 문제를 해결해 가면서 교리 조직에 힘쓴 사람들이 교부들이며, 그 가운데 대표적인 사람이 아우구스티누스이다.

우리가 알고 있는 거의 모든 기독교 교리는 아우구스티누스에 의해 확립되었고, 대부분 정통으로 인정받고 있다. 대표적인 세 가지는 다음과 같다.

첫째, 삼위일체설三位一體說이다. 천지 만물을 창조하신 하나님 아버지와, 인간의 육신을 입고 이 땅에 내려온 그의 아들 예수 그리스도, 예수가 죽어 하늘로 올라간 후 그를 대신하여 이 땅에 내려온 보혜사 성령이 비록 위격(어떤 성품이나 역할), 즉 나타나는 방식은 달라도 결국 한 몸이라고 하는 교리이다.

두 번째는 원죄설原罪說이다. 하나님께서는 아담과 하와를 만드시고, 에덴동산

보혜사: 원래는 다른 사람을 인도하고 교육하며 변호하는 사람을 일컫는다. 여기에서는 성령聖靈을 가리키는데, 성도에게 예수 그리스도를 증거하고 가르치며 보호하고 변호하는 영靈을 말한다.

에서 부족함 없이 잘 살아갈 수 있도록 했다. 그러나 선악과(먹으면 선악을 알게 된다는 선악과나무의 열매)만은 따먹지 말라고 했는데, 아담은 그 명령을 어겼다. 그 일로 아담과 하와는 낙원에서 추방되었다. 이때부터 아담은 노동을 해야 음식을 먹을 수 있게 되었고, 하와는 임신과 출산의 고통을 받게 되었다. 그리고 아담의 후손으로 태어난 모든 인간은 그의 조상(아담)으로부터 죄의 피를 물려받았기 때문에, 태어날 때부터 죄인이다. 최초의 인간이자 모든 인류의 조상이기도 한 아담이 죄를 범했기 때문에 모든 인간은 타고날 때부터 원초적으로 죄인인 것이다.

세 번째는 구원설이다. 아담의 후손인 인간은 죄의 대가로 수많은 저주를 받았고, 죽어야 할 운명을 타고났다. 그러나 자비로운 하나님은 인류의 비극을 차마 볼 수 없어 그 죄를 대신 갚아 주기 위해, 예수 그리스도를 이 땅에 보내셨다. 그리고 십자가 위에서 피를 흘리고 죽게 했다. 예수 그리스도의 이 피(보혈)야말로 신의 은총을 나타내는 결정적인 표시이다. 죄인인 인간은 그 창조자 하나님 앞에서 하나도 의로울 것이 없으나, 예수 그리스도의 생애와 십자가의 공로로 구원받을 수 있다.

5

데카르트

나는 생각한다.
고로 존재한다

데카르트는 프랑스 투렌 지방의 소도시 라에에서 브르타뉴 주의 고등 법원 평정관이었던 아버지 조아생과 어머니 사이에서 태어났다. 어머니는 그를 낳은 지 열세 달 만에 '마른 기침과 창백한 안색'을 물려준 채 세상을 떠났다. 의사들은 데카르트가 오래 살지 못할 거라고 진단했다. 그러나 유모가 극진하게 돌봐 줘서 건강을 회복했고, 일반 사람들처럼 생활할 수 있게 되었다.

약한 몸 때문에 데카르트가 덕을 본 일도 있다. 침대에 누워 사색하는 습관을 평생 지니게 된 것이다. 아들의 사색하는 버릇을 기특하게 여긴 아버지는 '철학자'라는 별명을 붙여 주기도 했다.

침대에 누워 사색하는 학생

데카르트는 열 살이 되어서야 라 플레쉬에 있는 예수회 학교에 입학할 수 있었다. 몸이 약한 그는 여러 특혜를 받았다. '아침에 일어나고 싶을 때까지 침대에 누워 있어도 괜찮다.'라는 조항도 있었다. 늦게 일어나는 버릇은 데카르트가 공부하는 데 많은 도움이 되었다.

최초로 데카르트의 전기를 쓴 바이예는 "철학과 수학 분야에서 그가 남긴 중요한 업적은 결국 아침 잠자리에서 이루어졌다."라고 말했다. 데카르트의 대표적인 업적 중 하나가 좌표(직선·평면·공간에서 점의 위치를 나타내는 수의 짝)의 발견인데, 이것은 날벌레가 천장에 붙어 있는 것을 보고 침대에 누워 그 위치를 계산하려다가 만들어졌다고 한다.

데카르트는 8년 동안 예수회 학교에 다니면서 논리학, 윤리학, 물리학, 형이상학, 유클리드 기하학 외에도 새로운 대수학(숫자를 대표하는 일반적인 문자를 사용하여 수의 관계, 성질, 계산 법칙 따위를 연구하는 학문. 방정식을 푸는 데서 시작된다.), 갈릴레이의 망원경에 의한 최신 업적에 이르기까지 다양한 교육을 받았다.

어린 시절, 친구가 거의 없었던 데카르트에

위에서 세 칸, 옆에서 다섯 칸….

계속 죽은 척해야 하나?

꽃무늬 개수 세는 건가?

게는 자신을 돌봐 주던 간호사와 사팔뜨기 소녀 친구 프랑수아즈가 전부였다. 그는 오랜 시간이 흐른 후에도 두 사람에게 놀랄만한 충실함과 헌신을 보여 주었다. 유산을 남길 때에도 간호사에게 많은 돈을 주었고, 프랑수아즈와는 평생 동안 돈독한 우정을 나누었다.

데카르트: 1 더하기 1은 2라는 사실을 포함해 우리가 아는 모든 것을 의심해야 한다고 했다. 『방법 서설』, 『철학 원리』 등의 저서가 있다.

군인이 되어 '세상'을 배우다

데카르트가 다닌 학교는 중세적인 학풍에 따라 공부하던 곳이었다. 그는 학교에서 배우는 중세 철학보다는 당시 예수교 학교들이 종교적인 이유로 금지했던 새로운 과학과 철학에 더 관심을 가졌다. 그는 스무 살이 갓 지난 어느 날, 학교에서 배운 것을 다 팽개치고 '세상'이라는 큰 책 속에서 새로운 지식을 쌓기로 결심한다.

그 후 용병(돈을 받으며 군대에 복무하는 사람이나 돈을 받고 고용된 군인)으로 활동하기도 했으며, 네덜란드에서 마우리츠 공작(부친인 빌렘 1세의 뒤를 이어 즉위. 네덜란드 육군을 유럽에서 가장 근대적인 군대로 육성했다.) 밑에서 장교 생활도 했다. 당시는 30년 전쟁 초기로, 네덜란드는 스페인과 프랑스가 대립하던 최전선지였다.

1617년 어느 날, 데카르트는 길을 걷다가 네덜란드어로 쓰인 글을 보고, 지나가던 행인에게 프랑스어나 라틴어로 번역해 줄 것을 부탁했다. 그 행인은 네덜란드 대학의 학장이자 수학자였던 이삭 베크만이었다. 베크만은 데카르트에게 "내가 제시하는 기하학 문제를 풀면 청을 들어주겠다."라고 약속했다. 그 문제는 그때까지 아무도 풀지 못한 수학 문제였다. 하지만 데카르트는 몇 시간 만에 풀어내 베크만을 놀라게 했다.

30년 전쟁: 독일에서 신교(프로테스탄트)와 구교(가톨릭) 간에 벌어진 종교 전쟁이다. 1517년 독일의 마르틴 루터에 의해 종교 개혁이 일어난 이후, 루터를 지지하는 신교파가 생겨나면서 가톨릭을 믿는 구교파와 갈등이 깊어졌다. 구교를 강요하는 신성 로마 제국에 신교파가 반기를 들면서 일어난 전쟁이 바로 '30년 전쟁'이다. 1648년 베스트팔렌 조약이 맺어지면서 전쟁은 신교의 승리로 끝났다.

당시 귀족의 자녀들은 성직자와 군인 중 하나를 직업으로 선택했다. 데카르트도 전통과 집안의 권유 때문에 군인을 선택했다. 그러나 병약하고 내성적인 그에게 군인은 처음부터 어울리는 직업이 아니었다. 데카르트는 베크만과의 만남 이후 군인 직업에 대해 회의감을 느꼈다.

1619년 11월 10일. 휴가를 하루 얻어 도나우 강가의 도시 울머 근처에서 머물 때였다. 날씨가 추워 종일 난롯가에서 사색에 잠겨 있었는데, 신비로운 세 가지 꿈을 꾸었다.

첫 번째 꿈에서는 학교 근처를 지나다가 강한 회오리바람에 휩쓸렸다. 두 번째 꿈에서는 엄청난 굉음과 천둥이 치는 소리를 들었다. 세 번째 꿈에서는 탁자에 놓인 커다란 사전과 고대 라틴어 시집을 펼쳐 '인생에서 나는 어떤 길을 따라가야 하는가?'라는 구절을 읽었다.

그 후 데카르트는 학문과 지혜를 추구하는 것이야말로 자기 삶의 목표라고 결론지었다. 그는 신으로부터 사명을 부여받았다고 느껴 매우 흥분했고, 하나님으로부터 장래를 축복받았다는 감격에 몸을 떨었다. 그는 즉시 이탈리아의 로레트 성모 사원에 참배할 것을 맹세하고, 군대 생활을 청산했다. 1623년에는 고향으로 돌아가 재산을 모두 팔아 연금 형태로 받을 수 있게 만들어 이후의 생계 문제를 해결했다. 그 뒤로 여러 곳을 여행하는데, 파리에서는 사교계에 들락거리면서 쾌락의 소용돌이에 빠져들기도 했다. 승마나 펜싱, 춤과 도박을 즐기는가 하면 연애 사건에 휘말려 결투를 하기도 했다.

데카르트는 나약했지만 상황에 따라 지혜, 용기, 결단성을 갖춘 인물이었음을 보여 주는 이야기가 있다. 동부 유럽을 둘러보고 프랑스로 돌아올 때, 데카르트는 네덜란드의 서해안으로 건너기 위해 배 한 척을 빌렸다. 뱃사람들은 그를 돈 많은 떠돌이 장사꾼쯤으로 생각했다. 그래서 외국 사람인 그를 털어도 아무런 말썽이 일어나지 않을 거라고 계산했다. 성품이 조용하고 예의 바른 태도가 그런 판단을 하는 데 한몫했을 것이다. 뱃사람들은 데카르트가 외국어를 알아듣지 못할 것이라 여기고, 때려죽여 물에 빠뜨리고 가진 것을 몽땅 차지하자고 수군거렸다. 그러나 네덜란드어와 독일어를 배운 데카르트는 그들의 말을 다 알아듣고 있었다. 그는 이때다 싶을 때 칼을 쭉 빼들고 소리쳤다.

"네 이놈들, 더 이상 나를 모욕하면 당장에 찔러 죽이고 말겠다!"

뱃사람들은 몹시 놀라 어쩔 줄 몰라 하다가 그를 바다 너머로 건네주었다.

사색하고 글 쓰고 사색하고…

1628년 데카르트는 방랑 생활을 청산하고, 네덜란드에 정착하여 본격적인 연구에 들어갔다. 사람들과의 만남을 최대한 줄이고 하루에 열 시간씩 충분히 자면서 사색하고 글 쓰는 데만 열중했다.

> 발자크: 프랑스의 문학가로, 1624년에 서간집을 발행하여 큰 반향을 일으켰다. 저서에 『군주』, 『그리스도교도 소크라테스』 등이 있다.

삼십 대 무렵에 친구 발자크에게 보낸 편지에는 이렇게 쓰여 있다.

"나는 여기서 매일 열 시간씩 잠을 잔다네. 아무 걱정거리가 없어 잠을 깨는 법이 없지. 한참 자고 있노라면 내 정신은 숲과 정원과 황홀한 궁전을 산책한다네. 그럴 때면 동화에서나 상상할 수 있는 온갖 즐거움을 맛보며, 나도 모르는 사이에 낮에 꿈꾸고 그리워하던 것을 밤의 꿈에 섞곤 하지. 잠에서 깨면 나의 만족은 더욱 완전해지고, 내 모든 감각이 그것을 느끼게 된다네."

데카르트가 파리 교외에 있는 아버지의 친구 집에 머물고 있을 때의 일이다. 처음에는 조용하던 이곳이 얼마 지나지 않아 문인들이 몰려들어 시끄러운 아카데미로 변하고 말았다. 그러자 데카르트는 아무에게도 알리지 않고 거처를 옮겼다. 당황한 아버지의 친구가 데카르트를 찾아 나섰다. 길에서 우연히 데카르트의 하인을 만나 그가 있는 곳으로 안내해 달라고 부탁했다. 하인은 알려 줄 수 없다고 버티다가 어쩔 수 없이 거처로 안내했다.

아침 11시쯤 살그머니 문구멍으로 방 안을 들여다보았더니, 데카르트는 침대에 누워 있었다. 한참 동안 생각에 잠겨 있다가 몸을

반쯤 일으켜 침대 곁에 있는 작은 책상 위의 노트에 무엇인가를 적고, 또 누웠다가 다시 몸을 일으켜 글을 썼다. 30분쯤 이런 행동을 반복하다가 잠자리에서 일어나는 것을 볼 수 있었다.

데카르트는 집으로 찾아오는 사람을 피하기 위해 20년 동안 열세 번이나 집을 옮겼다. 아주 친한 친구들 말고는 주소를 가르쳐 주지 않았다. 다른 과학자나 철학자와 토론할 경우에도 편지를 주고받았는데, 일주일에 하루는 꼬박 편지를 썼다. 이때에도 신중을 기하기 위해 가짜 주소를 사용했다.

데카르트는 광학(빛에 관련된 현상을 다루는 물리학의 한 분야)과 생리학 실험도 열심히 했다. 자신의 안경알을 스스로 갈기도 했으며, 도살장에서 송아지를 사 와서 해부도 했다. 한번은 어떤 사람이 서재를 구경시켜 달라고 하자, 반쯤 해부된 송아지를 가리키며 "저것이 내 책입니다."라고 했다는 유명한 일화가 있다. 데카르트는 지식욕이 왕성했고, 진리 탐구에 대한 뛰어난 소질을 가지고 있었다.

갈릴레이: 이탈리아에서 태어난 물리학자·천문학자이다. 망원경을 개량하여 우주를 관찰했고, 물체의 운동 법칙을 확립했다. 코페르니쿠스의 지동설을 옹호하여, 종교 재판에 회부되었다. 로마 교황청으로부터 지동설을 철회하라는 강요를 받았다.

1632년에는 중세 과학에 정면으로 도전하는 『세계』라는 책을 썼다. 하지만 갈릴레이가 종교 재판으로 파문당했다는 소식을 듣고 공개하지 않기로 했다. 이 책에서 지동설을 주장했기 때문에 교회와 마찰이 일어날 것은 불 보듯 뻔했기 때문이다. 데카르트는 친구에게 보내는 편지에 이렇게 썼다.

"내가 바라는 것은 그저 조용하게 사는 것뿐이네. 세상은 나의 작품을, 내가 죽은 뒤 100년이 지나서야 보게 될 것이야."

편지를 받은 친구가 답장을 보냈다.

"그렇다면 사람들이 자네의 책을 좀 더 일찍 읽을 수 있도록 가능한 한 빨리 철학자 하나를 죽이는 것밖에 도리가 없겠네."

그러나 『세계』의 일부 내용이 『철학 원리』에 포함되어 있을 뿐, 출판되지도 않았고 전해지지도 않는다.

딸을 잃고 슬픔에 빠지다

데카르트는 암스테르담에서 전직 가정부 헬레나 얀스를 만나 사랑에 빠졌다. 1635년에는 외동딸 프란시느를 얻었다. 하지만 결혼을 하지 않고 얻은 사생아라서 사람들에게는 조카라고 둘러댔다. 그런데 프란시느가 다섯 살 때 성홍열(급성 감염병)로 죽자 크게 상심하여 슬픔에 잠겼다.

데카르트는 친구가 가족을 잃고 슬픔에 빠졌을 때, 간곡한 어조로 편지를 보낸 적이 있다. 영혼 불멸에 대한 확신과 "꿋꿋이 슬픔을 참고 이겨 나가야 한다."라고 위로하는 내용이었다. 하지만 막상 딸이 죽게 되자 친구에게 "딸의 죽음이 인생에서 가장 큰 슬픔"이라며, 몇 날 며칠을 서럽게 울었다. 그는 숨진 딸을 살려 내기 위해 인형을 만들기도 했다. 실제 사람과 구별하기 힘들 정도로 정교하게 만들어진 그 인형을 늘 몸에 지니고 다녔다.

평소 데카르트는 동물을 '자동 기계'에 지나지 않는다고 말했다. 영혼은 오직 인간에게만 존재하며, 다른 동물들은 그저 기계일 뿐이라는 것이다. 그랬던 데카르트가 시계태엽과 금속 조각으로 죽은 딸의 대용품을 만든 것이다. 이 이야기는 데카르트 사상에 반감

을 가진 사람들이 지어냈다는 말도 있다. 이 이야기가 사실이라면 "나는 생각한다. 고로 존재한다."라고 말함으로써 철학사에서 '합리주의의 교조'로 떠받들어지는 철학자의 모습과는 너무나 상반된다. 하지만 우리는 이 장면에서 '평소의 철학과 신념마저 포기할 수밖에 없었던' 한 철학자의 형언할 수 없는 고통과 슬픔을 발견하게 된다. 데카르트는 몇 년 후 헬레나와 헤어졌고, 평생을 독신으로 살았다.

스웨덴 여왕을 가르치다

크리스티나 여왕: 30년 전쟁 중 아버지가 사망하자 여섯 살의 나이에 왕좌를 물려받았으며, 28세에 자진 퇴위했다. 데카르트에게 초청하는 친서를 3번이나 보냈다.

1649년에 출판된 『정념론』은 마음과 몸의 관계를 본격적으로 다룬 책이다. 이 책을 읽고 감명받은 스웨덴의 크리스티나 여왕은 해군 제독과 군함을 보내면서까지 데카르트를 초청했다. 하지만 데카르트는 망설였다. 아무 곳에도 속하지 않고 홀로 학문 연구에만 전념한 자신이 엄격한 궁중 생활에 적응하지 못할 것이라고 생각했기 때문이다. 또, 조용히 진리 탐구에 몰두하는 자유를 빼앗기고 싶지도 않았다. 그러나 자기를 표적으로 한 비판들을 피하고, 친했던 프랑스 대사 샤뉘의 권유도 있어서 여왕의 제안을 받아들

데카르트와 크리스티나 여왕: 스웨덴 궁정에서 데카르트가 크리스티나 여왕에게 무언가를 설명하고 있다. 피에르–루이 뒤메닐의 작품이다.

였다. 당시에는 국빈(정부의 초청을 받아 공식적으로 방문하는 외국인)을 모시고 온 선장이 여왕에게 보고를 하는 것이 관례였다. 데카르트가 스톡홀름에 도착했다는 소식을 들은 여왕은 서둘러 선장을 불러 보고를 들었다. 선장은 데카르트에 대해 이렇게 전했다.

"폐하! 소신이 모셔 온 분은 사람이 아니라 반신半神이옵니다. 그분은 3주 동안 선박과 바람과 항해술에 관해 소신이 바다에서 60년 동안 배운 것보다 더 많은 것을 가르쳐 주셨습니다."

데카르트는 샤뉘 대사의 집에 머물면서 새벽 5시에 궁중으로 가 여왕을 가르치기로 했다. '하루 가운데 가장 조용하고 자유로운 시간'에 맑은 정신으로 위대한 철학자에게 학문을 배우고 싶다는 여왕의 요청 때문이었다. 그러나 데카르트에게 일찍 일어난다는 것은 오랜 습관을 깨뜨리는 매우 힘든 일이었다. 게다가 여왕은 철학보다 문학을 더 좋아했고, 특히 헬라어(고대 그리스어) 공부와 옛날 책을 모으는 일에 열심이었다. 데카르트는 스웨덴의 궁중에서 무척 외로웠고, 나중에는 신하들의 시기와 미움까지 사게 되었다.

죽어서도 프랑스인으로 남다 ────

1650년 2월 1일, 데카르트는 스웨덴 여왕에게 아카데미 설립 계획서를 바치고 돌아온 후 감기에 걸렸다. 다음 날에는 열이 몹시 오르면서 폐렴으로 발전했다. 그러나 데카르트는 류머티즘(근육이나 관절에 염증을 일으키는 질병)쯤으로 대수롭지 않게 여겼다. 여왕의 주치의가 자리를 비워, 네덜란드 출신의 의사가 치료해 보겠다고 나섰다. 이 의사를 믿지 못한 데카르트는 점잖게 거절했다. 그러다 병세가 점점 악화되어 정신을 가누지 못하게 되었다. 여왕이 다시 의사들을 보냈지만 데카르트는 끝까지 사양했다. 의사들이 "아무래도 피를 좀 뽑아서 검사를 해야겠다."라고 말하자, 데카르트는 이렇게 대답했다.

"여러분, 프랑스인의 피를 아끼시오."

일주일 후, 열이 좀 내려 정신을 차린 데카르트는 병에 대한 판단이 잘못됐음을 깨닫고 피를 뽑게 했다. 하지만 이미 때를 놓친 뒤였다. 호흡이 가빠졌고, 가래를 뱉는 것마저 고통스러웠다. 9일째 되는 날 아침, 그는 음식을 먹고는 가만히 누워 있었다. 그날 밤 데카르트는 이렇게 말했다고 한다.

"내 영혼아, 네가 포로가 된 지 오래구나. 이제 네가 감옥에서 나와 몸의 고통으로부터 해방될 순간이 왔다. 영혼과 신체의 나누어짐을 기쁨과 용기를 가지고 견디지 않으면 안 된다."

사태의 위급함을 알고 밤늦게 달려온 뷔오게 신부는 데카르트의 눈을 들여다보면서 "마지막 축복을 원하면 무슨 표시를 해 주시오."라고 말했다. 데카르트는 눈을 들어 하늘을 쳐다보았다. 이 동작은 지켜보고 있던 모든 사람에게 감동을 주었다. 하나님의 뜻에 완전히 순종함을 나타내고 있었기 때문이다. 가슴 깊이 감동한 샤뉘 대사는 모인 사람들에게 말했다.

"나의 친구는 인생에 만족하고 벗들을 만족스럽게 여기며, 하나님의 자비에 넘치는 확신을 가지고 저세상에 가서 일생 동안 찾아온 진리를 발견하고 소유하게 되리라는 데 대하여 의심하지 않고, 기쁨에 넘쳐서 숨을 거두었습니다."

모두가 무릎을 꿇자 신부는 "전 세계에 널려 있는 교회의 이름으로, 하나님께서 그의 영혼을 맡아 주시기를 기원합니다."라고 축

생제르맹데프레 성당 : 프랑스 파리에 있는 성당으로, 파리에서 가장 오래되었다. 프랑스 대혁명 당시 감옥과 화약 창고로 사용되면서 대부분의 건물이 파괴되었지만, 1820년 복구되어 오늘에 이르고 있다. 데카르트의 묘비가 있는 곳이다.

복 기도를 올렸다. 기도가 끝나기 전에 데카르트는 조용히 숨을 거두었다.

여왕은 성대한 장례식을 거행하려 했지만 샤뉘 대사가 반대하여 조촐하게 치러졌다. 데카르트는 살아생전에 여왕으로부터 스웨덴 국적을 가지도록 요청받았지만 단호히 거부했다. 데카르트의 유해는 스웨덴 스톡홀름의 묘지에 묻혔다가 1666년 프랑스로 옮겨져 파리 생제르맹데프레 성당˙에 묻혔다. 1792년, 유해를 팡테옹˙으로 옮기기 위해 묘지를 팠는데, 시신에는 두개골이 없었다. 두

팡테옹 사원: '팡테옹'이라는 이름은 고대 로마의 만신전(모든 신을 모신 신전)을 의미하는데, 지금은 프랑스 파리에 있는 국립묘지를 가리킨다. 국가를 빛낸 인물을 기리는 사당으로, 프랑스의 위대한 시인·학자·정치가 등이 모셔져 있다. 건물 지하에는 볼테르, 루소, 에밀 졸라, 빅토르 위고 등의 무덤이 있다.

개골은 시신을 수습한 스웨덴 근위대장이 따로 보관하고 있었다. 19세기 말 경매에 붙여져 그 동안의 자초지종이 처음 세상에 알려졌다. 현재는 프랑스 인류학 연구소에 보관하고 있다. 이마에 "이 두개골은 데카르트의 두개골이 맞다. 스웨덴 근위 대장 한스트림이 보증한다."라고 적혀 있다. 현재는 전시하지 않고 나무 상자에 보관하고 있다. 그는 죽어서도 스웨덴 사람이 되지 않았던 것이다.

데카르트

프랑스의 수학자이자 철학자인 데카르트(1596년~ 1540년)는 해석 기하학(기호의 학문으로서의 대수학과 도형의 학문으로서의 기하학을 하나로 묶은 수학의 한 분야) 의 창시자이며, 근세 철학의 아버지이다. 데카르 트는 "우리의 모든 지식이 더 이상 의심할 수 없는 가장 단순한 원리로부터 이끌어져야 한다면, 무엇보 다도 그 출발점이 확고한 기초 위에 있는가를 따져 보아야 한다."라고 주장 했다. 그렇다면 철저한 의심을 이겨 낼 만한 제1명제가 무엇일까? 이것을 알기 위해서는 모든 것을 의심해 봐야 한다. 지금까지 우리가 배운 것에 대 해서뿐만이 아니라 이 세계가 실제로 존재하는가에 대해서도 의심해 봐야 한다.

가령 1 더하기 1은 2라고 하는 수학적 원리에 대해서도 일단 의심해 봐야 한다. 1 더하기 1이 사실은 3인데, 악마가 있어서 모든 인간을 한꺼번에 속였 다고 가정해 볼 수도 있기 때문이다. 그러나 내가 더 이상 의심할 수 없을 뿐 아니라 오히려 의심하면 할수록 더욱 확실한 것으로 나타나는 한 가지가 있 다. 그것은 내가 이 순간에 의심하고 있다는 것, 다시 말하면 '생각하고 있다.' 는 사실이다. 그렇다면 사유하는 주체로서의 나 자신도 부정할 수 없게 된다.

여기에서 "나는 생각한다. 고로 존재한다cogito ergo sum."라는 유명한 명제가 나온다. 데카르트는 이것을 움직일 수 없는 하나의 출발점으로 삼았으며, 나아가 이 명제처럼 우리가 직접 명석하게 인식할 수 있는 것이 있다면 그것 역시 확실한 것임이 틀림없다고 보았다. 데카르트는 이에 따라 신과 세계 등에 대한 개념을 이끌어 냈다.

그는 또한 신 이외에 정신과 물체라는, 서로 독립된 두 가지 실체實體, Substance를 들고 있다. 오직 신만이 참다운 실체이긴 하지만, 정신과 물체 역시 서로 독립적으로 아무런 영향을 주고받지 않는다는 의미에서 2차적 의미의 실체에 해당한다는 것이다. 먼저 정신을 따져 보면, 우리는 공간적인 연장延長을 반드시 덧붙여 생각하지 않고서도 내가 사유한다는 사실을 생각할 수 있다. 다음으로, 물체는 정신과는 관계없이 연장과 공간적 충만성이라고 하는 속성으로 나타난다. 이처럼 정신과 육체는 서로 독립적으로 존재한다.

여기에서 생기는 문제가 심신心身의 관계이다. 정신과 물체가 공통성을 전혀 갖지 못한다면 일상생활에서 우리가 경험하는 신체와 정신의 상호 작용을 어떻게 이해해야 할까? "마치 폭풍 속에서도 태양 광선이 흔들리지 않는 것처럼, 이 두 가지 실체가 서로 접촉하지 않는다."라는 주장은 설득력을 얻기 힘들다. 이 때문에 데카르트는 적어도 인간에 있어서만큼은 몸과 마음, 육체와 정신이 결합하여 서로 작용한다고 인정하지 않을 수 없었다.

6

루소

자유롭고 평등한
사회를 꿈꾸다

루소는 스위스의 제네바에서 가난한 시계공의 아들로 태어났다. 하지만 태어난 지 열흘 만에 어머니가 세상을 떠나고 말았다.

어머니의 죽음과 맞바꾼 생명으로 태어나다 ──────

　　루소는 『고백록』에서 자신의 출생 자체가 첫 번째 불행이었다고 밝혔다.

　　"나는 어머니의 생명을 희생시킨 대가로 태어났다. 나의 출생은 내게 닥친 여러 가지 불행 가운데 최초의 것이었다."

　　루소는 자신의 생명을 어머니의 죽음과 맞바꾸었다는 것에 대해 스스로를 책망하며 끊임없이 한탄하는 한편, 모성애를 무한히 그리워했다.

　　루소의 아버지는 자식을 돌보고 교육시키는 데 무관심했다. 아내가 세상을 떠난 후에는 자기 처지를 비관하며 자식들을 돌보지

않았다. 일곱 살 많은 루소의 형은 사고만 치다가 가출해 버렸다. 루소는 재능이 많은 어머니를 닮아 어릴 때부터 영특했는데, 그런 점이 죽은 아내를 떠올리게 만든다며 아버지는 괴로워했다.

떠돌이 생활이 시작되다

루소가 열 살이 되던 해, 아버지는 퇴역한 프랑스 대위와 다툰

루소: 교육 사상가로 교육 소설 『에밀』을 썼다. 하지만 자신의 다섯 아이를 고아원에 보내 버렸다.

처벌을 피하기 위해 제네바를 떠났다. 어린 루소는 외삼촌에게 맡겨졌다가 보세이에 사는 어느 목사의 집으로 보내졌다. 좋은 환경에서 제대로 된 교육을 받게 될 거라고 기대했지만, 기초적인 라틴어를 배우고 수준 낮은 독서만 반복했다.

어느 날, 목사의 여동생이 아끼던 빗이 부러진 채 발견되었다. 그 가족들은 루소를 범인으로 몰았다. 자신의 결백을 믿어 주지 않자 루소는 제네바로 돌아왔다.

엎친 데 덮친 격으로 프랑스 리옹에 정착했던 아버지가 재혼했다는 소식이 들려왔다. 열네 살의 루소는 아버지로부터 버림받았다는 생각에 큰 충격을 받았고, 이때부터 방황이 시작되었다. 1728년에 루소는 나들이를 나왔다가 통행금지에 걸려 제네바로 들어가지 못했다. 이때 그는 고향을 떠나기로 마음먹었다.

방황 초기에 루소는 가톨릭 신부가 되려고 이탈리아 토리노에 머물렀다. 이때 여러 귀족들 밑에서 일하면서 평소 동경해 왔던 귀족적 삶을 경험하기도 했다. 그런데 상류 계층의 실체는 거짓으로 꾸며진 교양과 허영뿐이었다. 이 무렵 고향을 떠날 때 신부가 한 말이 떠올랐다.

"내가 아는 사람 가운데 마음씨 좋은 귀족 부인이 한 분 있다. 가서 도움을 받을 수 있도록 소개장을 써 주마."

그래서 루소는 프랑수아즈 – 루이즈 드 바랑 부인을 만나 집사 (자기를 고용한 주인의 집 일을 맡아보는 사람)로 일하면서 보호를 받게 되었다. 루소는 열여섯 살의 잘생긴 미소년이었고, 남작 부인은 스물아홉 살이었다. 부인은 정략결혼으로 맺어진 남편과 별거 중이었고, 자신의 재산으로 루소 외에도 가톨릭으로 종교를 바꾼 사람들을 도와주고 있었다. 부인은 책을 많이 가지고 있어 루소가 공부하는 데 큰 도움이 되었다. 루소는 부인을 '엄마'라고 불렀고, 부인은 그를 '꼬마'라고 불렀다. 루소는 젊고 아름다운 '엄마'를 갖고 있다는 데 무한한 기쁨을 느꼈다. 루소는 스물한 살부터 몇 년 동안 남작 부인의 애인 역할을 하게 되었다. 이 일에 대해 루소는 『고백록』에서 숨김없이 고백하고 있다.

"쾌락을 느꼈지만 근친상간의 죄를 저지른 것 같은 느낌도 받았다."

그러나 스물여섯 살 때 남작 부인에게 쫓겨난 루소는 파리로 오게 되었다.

직업이 스무 가지가 넘다

루소는 재판소 서기 밑에서 필사(베껴 쓰는 일) 견습공도 했고, 조각가의 집에 들어가 도제(스승의 밑에서 일하는 직공) 일을 하기도 했다. 하지만 조각가는 그를 사정없이 두들겨 팼고, 루소의 보복은 고작 아스파라가스, 사과 등을 훔쳐 먹는 것이었다. 이 무렵, 루소는 돈을 몽땅 털어 책을 빌려 보곤 했는데, 조각가는 책만 보면 빼앗아 불태워 버렸다.

루소는 집 나온 젊은이가 할 수 있는 거의 모든 직업을 다 경험했다. 작가 지망생, 수공업자, 신부의 조수, 음악 교사, 시종, 비서, 유랑 극단 단원, 토지 등기소 직원 등을 거쳐 나중에는 외교 업무의 서기가 되었고, 악보 써 주는 일도 했다. 또 지휘자, 오페라 작곡가, 희곡 작가 등으로 활약하기도 했다. 그의 작품은 베르사유 궁전에서도 상연되었다. 하지만 참석자들은 루소의 너저분한 옷을 보고 불쾌감을 느꼈다. 루소는 안정되지 않은 생활 때문에 여러 번 삶의 터전을 옮겨 다니며 혼란스러운 시기를 보냈다. 훗날에 그는 이때 도둑질, 사기, 무위도식을 일삼았고, 얌전한 여자에 대해 중상모략을 저질렀으며, 삼류 소설책을 닥치는 대로 읽었다고 고백하기도 했다.

음악가로서 이름을 알리다

삼십 대 초반에 루소는 음악가로서 성공하여 이름을 알리고 싶었다. 1742년 파리에서 음악 관련 책을 낼 때 큰 기대를 걸었지만 별 성과를 거두지 못했다. 하지만 음악가로서의 능력을 인정받아 귀족 부인들의 사교 중심지인 살롱˙에 드나들기 시작했다. 1752년에는 직접 작사 작곡한 오페라 〈마을의 점쟁이〉가 상연되어 음악가로 명성을 떨치기 시작했다. 루소의 작품 중에는 대중적으로 널리 알려진 곡도 있다. 동요 〈주먹 쥐고 손을 펴서〉의 유명한 선율은 〈마을의 점쟁이〉 8장의 팬터마임(대사 없이 표정과 몸짓만으로 내용을 전달하는 연극)에 나온다. 음악가로 성공한 루소는 프랑스의 왕 루이 15세를 만날 기회를 얻었다. 그러나 긴장감을 이겨 내지 못하고 밤새 고민하다가 왕을 만나는 것을 포기했다.

또 루소는 디드로(18세기 프랑스의 계몽주의 사상가)를 비롯하여 달랑베르(18세기 프랑스의 수학자·철학자·저술가) 등의 백과전서파˙와 알게 되면서 사교계에 적응하려고 노력했다. 그러나 파리의 사교계가 가식과 허영에 가득 차 있다는 것을 깨닫고 실망감만 커졌다.

살롱: 원래는 서양풍의 객실이나 응접실을 의미했는데, 상류 계층의 객실에서 열리는 사교 모임을 가리킨다.

백과전서파: 18세기 프랑스 계몽 시대에 『백과전서』의 집필과 간행에 참가했던 계몽 사상가들을 가리키는 말이다. 가톨릭 교회와 절대 왕정에 반대하는 개혁을 지지했으며, 이성적·합리주의적인 태도로 근대적인 지식과 사고 방법을 전파하여 프랑스 대혁명의 사상적 배경이 되었다. 루소는 『백과전서』의 음악, 정치, 경제학 항목을 집필했다.

다섯 아이를 고아원에 보낸 교육 사상가 ──────

　바랑 부인의 집에서 나온 뒤 파리의 하숙집에서 지내던 루소는 그곳의 하녀인 테레즈 라바쇠르와 교제를 시작했다. 루소는 그녀에게 열심히 글을 가르쳐 주었고, 23년 동안 같이 살다가 마침내 결혼했다. 두 사람 사이에는 다섯 명의 아이들이 태어났다. 그런데 자식들이 너무 소란스럽고 양육비가 많이 든다는 이유로 모두 고아원에 보내 버렸다. 이 일은 교육 사상가로서 비난을 받아 마땅하며,

그만큼 충격적인 사건임에 틀림없다.

　　그러나 믿기지 않겠지만, 당시 파리에서는 공립 고아원에 아이를 맡기는 것이 일종의 관행이었다. 신생아의 3분의 1이 고아원에 맡겨지는 형편이었다. 프랑스 계몽기를 대표하는 백과전서파 철학자인 달랑베르도 사생아로 버려진 아이였다. 당시 귀족들의 경우 아들은 콜레주(원래는 신학생들의 학교 기숙사. 현재는 7년제 공립 중등학교)로, 딸은 수녀원으로 보내는 경우가 많았고, 자격 미달의 가정 교사에게 맡기는 일이 다반사였다.

마리 앙투아네트, 『에밀』에 감동하다

　　루소의 교육 소설 『에밀』은 청소년 시기에 자신이 겪었던 방황을 토대로 한 것으로 보인다.

　　프랑스의 어머니들은 루소의 『에밀』을 교육의 바이블(성경)로 삼았다. 그러나 앞뒤 사정이 어떻든 간에 그는 자식들을 고아원에 보내 버린 죄책감과 변명을 『에밀』 곳곳에 남겼다.

『에밀』: '에밀'이란 이름의 고아가 태어나서부터 결혼에 이르기까지 25년 동안 현명한 교사의 이상적인 지도를 받는 과정이 그려져 있다. 루소는 어려서부터 자연과 자유를 만끽하도록 하는 것이 가장 좋은 교육이라고 강조했다. 아동 중심의 교육, 자연주의 교육, 체육의 중요성, 감각 훈련의 중요성, 실물 교육, 자발성의 원리 등 근대 교육의 원리가 집약되어 있다.

"가난한 일도, 체면도 자식을 키우고 직접 교육시키는 일로부터 그를 면제시켜 줄 수는 없다. 독자들이여, 그 점에 대해서는 나를 믿어도 좋다. 누구든 인간으로서의 정을 가지고 있으면서 그토록 신성한 의무를 저버리는 자에게 예언하건대, 그는 오랫동안 자신의 잘못에 대해 고통스럽고 한 맺힌 눈물을 쏟게 될 것이며, 결코 무엇으로도 위로받지 못하리라."

저주에 가까운 이 글은 실제로 자기 자신에 대한 것일지 모른다. 볼테르는『시민의 견해』라는 소책자에서 "루소의 버림받은 아이들에 대해 알고 큰 충격을 받았다."라고 밝히면서 절교를 선언했다.

그럼에도 불구하고 20년 동안의 사색과 3년간의 집필로 완성된 『에밀』은 자연 중심의 교육 이념을 제시하여 당시 프랑스 사회에 커다란 반향을 불러일으켰다. 루이 16세의 왕비 마리 앙투아네트가 이 책을 읽은 후 농사를 짓고 우유 짜는 부인의 흉내를 내었다는 에피소드에서 그 영향력을 짐작할 수 있다.

볼테르: 프랑스의 철학자이자 계몽주의 운동의 선구자이다. 재치 넘치는 신랄한 풍자로 사람들의 관심을 끌었고, 사상의 자유와 종교적 관용 등을 주장했다.

계몽주의를 부정하다

루소의 생애에서 가장 중요한 기회는 서른일곱 살이 되던 해에 찾아왔다. 무신론과 유물론을 주장했다는 혐의로 반센 성에 감금되어 있는 디드로를 방문하러 가는 길이었다. 루소는 우연히 디종 학술원이 내건 「예술과 학문의 부흥이 도덕의 개선에 어떠한 기여를 했는가?」라는 현상(상이 걸린) 논문 제목을 보았다. 그때 쇠몽둥이로 머리를 맞은 듯한 충격을 받은 루소는 그때의 감격을 이렇게 기록했다.

"무수히 많은 생각이 엄청난 힘으로 한꺼번에 몰려와, 나는 형언할 수 없는 혼란에 빠졌다. 가슴을 죄는 불안감이 엄습해서 숨 쉬

계몽주의: 16~18세기에 유럽 전역에서 일어난 혁신적 사상이다. 구시대의 정신적 권위와 사상적 특권과 제도에 반대하여 인간적이고 합리적인 사유를 제창하고, 이성의 계몽을 통하여 인간 생활의 진보와 개선을 꾀하려 했다.

는 것조차 힘들었고, 걸을 수도 없어서 나무 아래에 주저앉았다. 삼십 분 동안 그렇게 흥분 상태로 있었는데, 일어섰을 때는 내 상의가 눈물로 촉촉하게 젖어 있었다."

그는 이때 떠오른 착상을 즉시 논문으로 기록하기 시작했다. 학술원 회원들은 문화의 진보성에 대한 열광적인 찬가를 기대했지만, 루소는 진보에 대한 당돌한 부정으로 대구했다. 당대의 지식인들이 그토록 자랑스럽게 여기고 있던 계몽주의 의 빈껍데기를 과감히 벗겨 버렸던 것이다.

루소는 이 논문을 반년도 안 되는 짧은 기간에 썼지만 당당히 1등으로 당선되었고, 연말에는 출판도 되었다. 하지만 볼테르는 핀잔을 던졌다.

"어린 학생들의 글짓기와 흡사한 이런 논문은 읽을 생각조차 들지 않는다."

그러나 이 논문은 당시 사상계에 커다란 반향을 불러일으켰고, 루소가 사상가로서 크게 주목받는 계기가 되었다.

얼마 후, 같은 학술원에서 다른 현상 논문을 모집했다. 루소는 아주 날카로운 논법을 구사하여 처음의 논문보다도 더 대담하게 사회 비판을 감행한 『인간 불평등 기원론』을 제출했다. 그러나 이 논문은 수상에는 실패했다.

도망자 신세가 되다

자유 기고가로서의 명성이 높아졌지만 루소의 삶은 여전히 불안정했다. 예전부터 가지고 있던 그의 우울한 기질이 악화되어 병에 시달리기까지 했다. 한적한 시골에 내려가 요양을 했지만 나아지지 않았다. 루소는 자신을 만나러 오는 방문객을 모두 거절했고, 스스로를 더 고립시켜 나갔다. 친구인 볼테르에게는 "나는 당신을 미워한다."라고 편지를 보내기도 했다. 화가 난 볼테르는 루소에게 '천치, 괴물, 사기꾼, 문학의 독버섯, 세기의 배설물, 야수, 중상 모략꾼'이라고 욕설을 퍼부었다.

『인간 불평등 기원론』: 루소의 대표 저서 가운데 하나로 1755년에 간행되었다.

루소가 사회에 큰 물의를 일으켜 박해를 받게 된 것은 『에밀』 때문이었다. 파리 고등 법원은 종교적인 이유를 들어 『에밀』을 불태우라는 판결을 내렸고, 체포 영장도 발부하였다. 루소는 비밀리에 도망쳤다.

그 후 4년여 동안 유럽 여러 곳을 떠돌다가 데이비드 흄(18세기 스코틀랜드의 경험론 철학자)을 따라 영국으로 건너가 잠시 머물렀다. 하지만 흄에게 아무 도움도 되지 못하고 다툰 후에 1770년 여름 파리로 돌아왔다. 그는 겉모습도 조금 특이해져서, 이상야릇한 아르메니아(서남아시아 지역에 있었던 구소련을 구성했던 공화국)식 의복과 털가죽 모자를 쓰고 다녔다.

프랑스 혁명의 사상적 지주가 되다

　루소는 사망하기 십 년 전인 1768년, 파리에 정착하였다. 그는 "자연을 한 번 더 보고 싶다!"라며 창문을 열게 한 뒤에 마지막 말을 남기고 죽음을 맞았다.

　"이렇게 나는 형제도, 가까운 친구도, 이웃도 없이 세상에서 완전히 혼자 남게 되었다. 평소 남과 사귀기 좋아하고 누구에게나 친절했던 나를 그들끼리 작당하여 외진 곳으로 내몰았다. 그들은 나를 생매장시키고 즐거워하지나 않을까?"

　그러나 그의 마지막 모습에 대해 조금 다른 이야기도 전해진다. 1778년, 『고독한 산책자의 몽상』을 마무리 짓지 못하고 에름농빌(파리 북동쪽 교외의 마을, 이곳 작은 섬에 루소의 묘가 있음)에서 아침 식사 중 쓰러져 점심 무렵에 세상을 떠났다는 것이다. 또, 루소는 평소에 커피를 무척 좋아했다. 그래서 "아, 이제 더 이상 커피 잔을 들 수 없구나."라고 유언을 남겼다는 이야기도 있다.

루소는 죽은 후에 명성을 떨쳤다. 그의 소설과 논문은 인쇄소의 신기록을 갈아 치울 정도로 불티나게 팔렸고, 그 인기에 걸맞게 팬레터 양도 엄청났다. 그중에는 눈물, 감동, 공감, 감정의 폭포, 카타르시스 등을 열렬하게 고백하는 내용이 많았다.

루소는 사망하고 11년 뒤에 일어난 프랑스 혁명의 사상적 지주가 되었고, 혁명 기간 중인 1794년에는 팡테옹 사원으로 유해가 옮겨졌다. 그리하여 살아생전에 그토록 자신을 싫어했던 볼테르와 나란히 묻히게 되었다.

프랑스 팡테옹 사원에 있는 루소의 무덤: 서로 앙숙 관계였던 볼테르와 나란히 묻혀 있다.

그의 성장 과정과 삶에 얽힌 일화, 심지어는 비행과 난잡한 성생활까지 솔직하게 털어놓은 『고백록』은 사망 후에 출판되었다.

"나는 지금까지 내가 보아 왔던 그 누구와도 닮지 않았다. 나는 현재 존재하고 있는 어느 누구와도 다르다고 믿고 있다. 내가 남보다 나은 인간은 아니라 할지라도, 적어도 나는 남들과 다르다."

이렇게 자신을 평가한 것처럼 루소는 어떻든 특이한 사람이었다.

루소

프랑스 계몽기의 사상가인 루소(1712년~1778년)는 『인간 불평등 기원론』에서 인간 불평등이 생겨난 원인에 대해 이렇게 설명하고 있다.

자연 상태에서는 약자가 생길 여지가 없었다. 그런데 어떤 사람이 일정한 땅에 울타리를 쳐 놓고, 자기 것이라고 주장하기 시작했다. 이때부터 주인과 노예가 생겨나고, 폭력과 약탈이 자행되었다. 여기서 부자인 부르주아는 "약자가 억압받는 것을 막기 위해, 모든 구성원들을 보호하기 위해 한데 뭉치자!"라고 주장했고, 순진한 사람들이 이 제안에 동의해 주었다. 그리하여 국가와 법률이 생겨나고, 약자에게 새로운 올가미가 씌워졌다. 반대로 부자들은 법적인 지배권을 자의적인 것으로 변질시킴으로써 인간 불평등이 영속화되기에 이르렀다.

부자와 빈자를 갈라놓은 사건이 최초의 재앙이었다면, 지배자와 피지배자를 갈라놓은 주종主從 관계가 제2의 재앙이었다. 그리고 주인과 노예를 제도적으로 대립시켜 놓은 권력의 자의성(제멋대로 함)이 제3의 재앙이다. 이때부터 어린이가 어른에게 명령을 내리고, 미련한 자가 현명한 자를 다스리며, 대중은 헐벗고 굶주리는데 부자들은 지나친 풍요를 누리게 되었다. 그렇다면, 우리는 어떻게 해야 할까?

루소는 정당한 권력을 가능하게 하는 기초는 전체의 합의, 즉 구성원들의 자유로운 동의라고 주장했다. 이 합의에 의해 사회 계약이 성립한다. 이 계약에 의해 공동체로서의 국가가 세워지고, 구성원으로서의 국민이 생겨난다. 국가의 주인은 국민이고, 따라서 국민만이 국가 주권의 유일한 담당자가 된다.

이 주권자의 일반 의지를 확인할 수 있는 방법으로 투표가 있다. 국가 구성원들의 확인된 항구적 의지가 곧 일반 의지*이며, 이것을 바탕으로 지도자가 선발된다. 때문에 나의 의사와 반대되는 견해가 우세한 것으로 나타나면 내가 그동안 착각했다는 것, 즉 내가 일반 의지로 간주했던 것이 실은 일반 의지가 아니었다는 사실을 입증하는 것이 된다.

대부분의 사람들이 진보를 말하고 문화의 낙관론을 주장하는 동안 루소는 역사와 문화의 모든 성과들을 비난하고, 자연으로 되돌아갈 것을 요구했다. 이런 의미에서 루소야말로 계몽 사소를 내표하는 전재적 인물임과 동시에 가장 신랄한 계몽주의 비판자이기도 하다.

일반 의지: 이기적인 개인으로서의 독립성과 이익성을 버리고 공적 주체로서의 시민 의지, 즉 국가 계약에 의해 생기는 주권자의 의지를 가리킨다. 특수한 이해에 입각한 개개인의 의지, 즉 특수 의지들의 총합에 불과한 전체 의지와는 구별된다.

7

칸트

철학을 배우지 말고
철학하는 것을 배워야 한다

칸트는 1724년 동프로이센(현재의 독일)의 쾨니히스베르크(제1, 2차 세계 대전을 거치며 러시아 영토가 되어 지금은 '칼리닌그라드'라 불린다.)에서 11남매 가운데 넷째 아들로 태어났다.

칸트의 할아버지 한스 칸트는 피혁상(가죽이나 가죽 제품을 파는 사람)이었고, 칸트의 아버지 요한 게오르그 칸트는 둘째 아들이었다. 아버지는 독립하여 쾨니히스베르크로 옮겨 와 마구사(가죽으로 말에 필요한 장비를 만드는 직업)로 일했다. 가난했던 아버지는 서른 살이 넘어서야 피혁상의 딸과 결혼했다. 어머니는 많은 교육을 받지는 못했지만, 고결한 인품과 타고난 지성으로 유명했다.

칸트는 부모님에 대한 존경심을 이렇게 표현하기도 했다.

"나의 부모님은 정직하신 데다, 도덕적으로도 반듯했다. 나에게 유산을 남겨 주시진 않았지만, 교육을 시켜 준 점에서 늘 마음속 깊이 감사하고 있다."

칸트가 열세 살 때 어머니가, 스물세 살 때 아버지가 세상을 떠났다. 독일에서는 장례식을 교회에서 치르는데 교회 장부에 두 사

람의 장례식에 대해 '조용하고, 가난하게'라고 적혀 있었다. '조용하게'란 말은 찬양을 불러 줄 성가대가 없었다는 뜻이며, '가난하게'란 말은 장례 비용을 쾨니히스베르크 시에서 부담했다는 뜻이다.

　칸트의 가정 형편은 자신이 밝힌 것처럼 "가난으로 인하여 고달플 정도는 아니었다."라거나 "교육에 필요한 정도의 돈은 가지고 있었다."라고 할 만큼 여유롭지는 않았던 것으로 보인다.

가난을 딛고 공부에 매진하다

　어린 칸트는 엄격한 경건주의 교육을 실시하던 초등학교와 중학교에 입학하는데, 가난한 가정 형편으로 주위 사람들의 도움을 받았다. 그 가운데서도 특히 교장 선생님이자 운영자이고, 나중에 신학 교수가 된 슐츠 목사에게 많은 도움을 받았다. 그러나 칸트는 아침 예배로 시작되는 일과와 기도로 시작하여 기도로 끝나는 수업에 싫증을 냈다. 급기야 이 교육을 '소년 노예 제도'라고 부르며 매우 싫어했다. 하지만 학교 성적은 항상 수석이었다.

　칸트는 이곳 '김나지움'에서 8년 반 동안 공부했는데, 수학이나 과학보다는 종교와 라틴어를 주로 배웠다. 이때 고전어에 대한 탄탄한 지식을 얻을 수 있었다.

　슐츠의 권유로 칸트는 열여섯 살 때 쾨니히스베르크 대학교에 입학했다. 하지만 넉넉하지 못한 형편 때문에 개인 교사 생활을 하며 학비를 벌어야 했다. 때로는 구둣방을 경영하는 큰아버지에게 도움을 받았고, 성적이 뒤떨어진 동급생들의 공부를 도와주는 아르바이트를 했다. 그러다 보니 학생 활동이나 즐거운 오락거리에 관심을 가지기 힘들었다. 그래도 즐기는 오락거리가 있었는데, 당구였다. 실력도 있어서 내기 당구를 치면 돈을 따는 경우가 많았다.

　대학 시절에 칸트는 크누첸 교수(독일의 유명한 계몽주의자인 볼프의 제자)의 영향을 많이 받았다. 어느 날, 크누첸 교수가 뉴턴의 책을 빌려주었다. 칸트는 이 책을 읽고 뉴턴의 사상에 매료되었고, 뉴턴에게 집중하는 결정적인 계기가 되었다.

칸트: '걸어 다니는 시계'라 불릴 정도로 규칙적이고 합리적인 생활 습관을 유지하여 철학자의 상징이 되었다.

대학을 졸업한 칸트는 학자의 길을 걷기로 결심했다. 하지만 생활비를 마련하기 위해 시골에서 가정 교사 생활을 시작했다. 그는 스물두 살 때부터 서른한 살 때까지 목사나 귀족의 가정 등에서 가정 교사를 했다. 그중에는 명문가의 대영주이자 외교관으로서 사교계의 중심인물이었던 카이저링크 백작의 집안도 있었다. 이곳에서 칸트는 상류 사회의 생활과 사교술을 배웠고, 세상물정에 통달했으며, 인간과 세계에 대한 지식을 넓혀 나갔던 것으로 보인다.

세월이 지난 후, 칸트는 "나는 좋은 원칙을 갖고 있었지만 나쁜 가정 교사에 지나지 않았다."라고 고백했다.

1755년 칸트는 8년 동안의 가정 교사 생활을 마치고 쾨니히스베르크로 돌아왔다. 이때가 칸트가 쾨니히스베르크를 떠나 있었던 유일한 시기였다.

철학을 배우지 말고, 철학하는 것을 배워야 한다

　가정 교사 생활을 하면서도 칸트는 베를린 학사원이 내건 현상 논문에 응모했고, 1755년에는 「불에 관하여」라는 논문을 제출하여 석사 학위를 받았다. 지방의 이름 있는 인사들과 학자들이 모인 졸업식에서 칸트는 철학에 대해 라틴어로 강연을 했다. 같은 해에 「형이상학적 인식의 제1원칙에 대한 새로운 해명」이라는 논문으로 대학교수 자격을 얻었다.

　학위 과정을 마친 칸트는 대학에서 강사 생활을 시작했다. 그가 가르쳐야 할 과목은 수학과 물리학에서 시작하여 논리학, 형이상학, 도덕 철학 같은 철학 분야는 물론이고 자연 지리학, 역학, 광물학 등에 이르기까지 실로 광범위했다. 더욱이 일주일에 스무 시간씩 강의를 하는 중노동에 시달렸다. 그는 친구 린드너에게 보낸 편지에서 그 어려움을 토로했다.

　"나는 날마다 내 교탁의 귀퉁이에 앉아서 무거운 망치를 두들기는 것과 비슷한 강의들을 단조로운 박자로 계속 진행해 나가네. 때때로 더 고상한 일을 하고 싶다는 마음이 생기고, 조금이라도 이 좁은 테두리에서 벗어나고 싶다는 생각이 드네. 그런데 그렇게 되면 격렬한 외침처럼 가난이 금방이라도 달려들려 한다네. 그것은 언제나 진실한 것이어서 나는 주저할 틈도 없이 또다시 힘겨운 노동으

임마누엘 칸트 발틱 연방 대학교: 제2차 세계 대전이 끝나고 쾨니히스베르크는 러시아 땅이 되어 이름이 칼리닌그라드로 바뀌었다. 칸트가 졸업하고 교수로 있던 쾨니히스베르크 대학교 이름도 칼리닌그라드 대학교로 바뀌게 된다. 2005년 독일과 러시아가 학교 이름을 칸트 대학으로 바꾸기로 하여 임마누엘 칸트 발틱 연방 대학으로 바뀌었다.

로 되돌아오곤 한다네."

그럼에도 불구하고 칸트는 강의를 소홀히 여기지 않았다. 집필이나 건강, 휴양을 핑계로 휴강하거나 강의를 게을리하는 일이 없었다. 특히 첫 강의 시간에는 학생들에게 이런 말을 했다고 한다.

"여러분은 나에게서 철학을 배우지 말고, 철학하는 것을 배워야 한다. 철학은 단지 흉내 내기 위해 배우는 것이 아니라, 생각하는 방법을 배우는 것이다."

칸트가 실제로 강의하는 모습은 어땠을까? 한 제자가 그의 최초 강의 모습을 묘사한 기록이 있다.

"칸트 교수님은 키프케 교수의 넓은 강의실을 사용했다. 강의실은 현관에서 계단까지 학생들로 가득 차 있었다. 그런데 이것이 칸트 교수님을 크게 당황하게 만들었다. 교수님은 마음의 평온을 잃었으며, 평상시보다 더 낮은 목소리로 말하고 가끔 자기가 한 말을 스스로 고치기도 했다. 그러나 이러한 태도는 교수님에 대한 경탄의 마음을 더욱 높일 뿐이었다. 우리는 교수님의 넓은 학식을 믿어 의심치 않았다. 교수님은 매우 겸손하게 보였을 뿐, 겁내고 있다고는 보이지 않았다. 다음 강의 시간에는 사정이 완전히 달라졌다. 교수님의 강의는 매우 철저하고, 자유롭고, 유쾌했다. …… 깔끔한 교수님은 이상한 복장을 한 학생 앞에서는 제대로 강의를 하지 못했다. 장발이라든지 가슴팍을 내보인 옷차림을 보면 마음이 가라앉지 않았던 것이다. 언젠가는 늘 앞에 앉아 있던 학생의 웃옷 단추가 떨어져 있었는데, 그게 마음에 걸려 강의를 제대로 하지 못했다."

15년 만에 철학 교수가 되다

칸트는 쾨니히스베르크 대학교에 여러 차례 교수직을 지원했지만, 실패를 거듭했다. 첫 번째 기회는 스승 크누첸의 죽음 후에 찾아왔다. 당시 프로이센은 7년 전쟁이 금방이라도 터질 것 같은 분위기였다. 그래서 정부에서는 재정을 줄일 목적으로 그 교수 자리를 아예 없애 버렸다.

두 번째 기회는 서른네 살 때, 논리학·형이상학 정교수인 키프케가 세상을 떠나면서 찾아왔다. 슐츠가 키프케의 후임 자리에 칸트를 추천했지만 그 자리에 선배 부크가 지원했다. 이때는 쾨니히스베르크가 러시아의 지배 아래 있었는데, 러시아 군사령관이 부크를 교수로 임명함으로써 두 번째 시도도 실패로 돌아갔다.

7년 전쟁: 1756년부터 1763년까지 7년 동안. 유럽의 여러 나라들이 폴란드의 슐레지엔 영유권을 놓고 둘로 갈라져 싸운 전쟁이다. 이 전쟁에서 프로이센은 오스트리아에 이겨 슐레지엔 땅의 영유권을 되찾고, 유럽 열강의 지위에 올랐다.

세 번째 기회는 서른여덟 살 때였다. 시학 교수였던 보크가 사망하자, 그 후임 자리에 칸트의 이름이 거론되었다. 하지만 칸트는 시학을 가르치는 자리는 자신에게 적당한 자리가 아니라고 여겨 사양했다.

마흔두 살의 칸트에게 왕실 도서관의 부사서 자리가 주어졌다. 대단한 직책은 아니었지만, 칸트는 정기적인 수입이 보장된 이 자리를 흔쾌히 받아들었다.

3년 후에 에어랑겐 대학교에서, 4년 후에 예나 대학교에서 그를 초빙하려고 했지만 둘 다 사양했다. 베를린 대학교는 다른 학교보다 많은 특권을 주면서까지 시학 교수로 칸트를 초빙하려 했다. 하지만 칸트는 이 자리마저 거절했다. 칸트가 대학들을 다 거절한 첫 번째 이유는 쾨니히스베르크를 떠나고 싶지 않았기 때문이었다.

고향에서 조용히 자신의 철학을 완성하고자 했던 철학자에게 마침내 기회가 찾아왔다. 그의 나이 마흔여섯 살 때였다. 1770년, 쾨니히스베르크 대학교의 신학·수학 교수였던 랑한젠이 사망하자, 칸트는 한 가지 제안을 했다. 논리학·형이상학의 교수직에 있던 부크를 랑한젠의 후임으로 삼고, 자신을 논리학·형이상학의 정교수로 추천해 달라고 요청한 것이다. 보름 후에 부크의 자리가 옮겨지고, 부크의 후임자로 칸트가 임명되었다. 왕이 내린 교수 임명장에는 이렇게 쓰여 있었다.

"당신의 근면함과 탁월함 때문에, 그리고 무엇보다도 당신이 철학에서 이룩한 학문적인 성과 때문에 당신을 교수로 초빙합니다."

논리학·형이상학 정교수로 취임한 칸트는 이 자리를 평생 지켰다. 철학 교수가 된 칸트는 연구에 전념하면서도 수입을 늘리기 위해 공개강좌를 자주 열었다. 강의는 군인, 귀족, 상인 등 많은 사람이 모여들어 복도까지 들어찰 정도로 인기가 대단했다.

교수가 된 후에도 칸트는 대학에서 정해진 휴가 이외에 강의를 빠지는 일이 없었다. 언제나 강의를 충실하게 했고 명확하고 흥미롭게 이끌어 나갔다. 강의 노트를 가지고 들어가지 않는 대신, 교과서 빈 곳이나 쪽지에 메모를 해서 강의했다. 강의 도중에 옆길로 벗어나는 일이 잦았는데, 그것을 깨달으면 곧 "그것은 그렇고"라는 말로 중단하고 다시 되돌아가곤 했다.

'늦깎이' 대학교수가 된 칸트는 이후 11년 동안 아무런 저서도 출판하지 않았다. 그리고 마침내 1781년에 『순수이성 비판』이 간행되었다. 이 책으로 칸트는 쉰일곱 살의 나이에 '철학의 천재'라는 사실을 온 세상에 증명했다.

칸트는 이제 독일 안에서뿐만 아니라 독일 밖에서도 이름이 알려지기 시작했고, 마침내 유럽 전체에서 존경받는 인물이 되었다. 칸트의 철학은 유행처럼 되어 그 저서들이 귀부인들의 안방에도 스며들었고, 이발사들이 그의 용어를 사용한다는 기록까지 나왔다.

『순수이성 비판』: 『실천이성 비판』, 『판단력 비판』과 더불어 칸트의 3대 비판서로 1781년에 출판되었다.

이후 대학 안팎에서 칸트의 학문적 위치는 최고조에 달했다. 쾨니히스베르크 대학교의 평의원을 거쳐 학장의 직책도 맡았고, 예순둘, 예순네 살 때의 여름 학기에는 총장에 취임했다. 대외적으로는 예순두 살 때인 1786년에 베를린 학술원 회원이 되었고, 페테르부르크 학술원, 시에나 학술원 회원으로 등록되었다. 학술원 회원은 대단한 자리였다. 왕이나 대통령에게 학술 진흥에 관한 정책을 자문하거나 건의하는 일을 했고, 국내외 학술 행사를 개최하며 우수한 학자나 학문 단체에 상이나 장려금, 보조금을 주도록 정부에 건의할 수도 있었다.

엄격한 하루 일과로 건강을 지키다 ────

생활이 안정되자, 칸트는 결혼을 하려고 했다. 이 무렵, 마음을 사로잡은 두 여자가 있었다. 하지만 청혼하는 데 너무 뜸을 들이다가 한 여자는 먼 곳으로 이사를 가 버렸고, 한 여자는 칸트보다 한 발 앞서 청혼한 남자를 선택하여 떠나고 말았다. 이후에는 평생 독신으로 지냈다.

칸트는 160센티미터도 채 되지 않는 키(151센티 미만이었다는 이야기도 있다.)에 몸은 마른 편이었고, 가슴은 기형적이었으며, 척추는 구부러졌고, 근력도 매우 약했다고 한다. 하지만 두뇌는 큰 편이었고, 시각·청각·미각 등 감각 기관은 예민했다.

내 프로필이라면 뭐 이 정도….

쾨 니 히스베르크
대학 학장

괴니히스베르크
대학 총장X2

베를린 학술원
회원

Siena 학술원
회원

…

…

칸트는 허약한 신체를 보완하기 위해 스스로 세운 규칙적인 생활 습관을 유지했고, 되도록 즐겁게 살려고 노력했다. 그는 나무랄 데 없는 건강을 누리면서 독일인의 평균 수명을 두 배나 뛰어넘는 여든 살까지 장수했다. 그는 병에 걸리고 나서 치료하기보다는 병이 들기 전에 미리 예방하는 섭생법(건강 관리를 잘하여 오래 살기를 꾀하는 방법)을 선택했다.

칸트의 하루 일과는 매우 엄격하게 짜여 있었다. 그는 여름이건 겨울이건, 매일 아침 정각 5시에 일어났다. 집사인 람페는 정확하게 4시 45분에 "이제 일어날 시간이 되었습니다!"라고 소리쳐 그를 깨웠다. 집사는 칸트가 일어나기 전에는 절대로 침대를 떠나지 않았다. 자리에서 일어난 칸트는 아침 식사 대신 차 두 잔을 마시고, 항상 같은 모자를 쓴 채 하루 분량으로 허용된 파이프 담배 한 대를 피웠다. 차는 아주 적은 찻잎에서 우려냈고, 파이프 담배는 식욕 감퇴제로 이용했다. 규칙적인 시간표에 따라 그다음에는 잠옷, 덧신, 수면용 모자를 쓴 채 서재에서 공부(논문 집필, 강의 준비 등)를 하고, 약 2시간 동안 집이나 학교에서 강의를 했다. 그리고 집으로 돌아와 실내복으로 갈아입고 논문을 썼다.

12시 45분, 람페가 "수프가 준비되어 있습니다!"라고 외치면 칸트는 식탁으로 걸음을 옮겼다. 오후 1시 45분에는 식탁 동료(학자들보다 사회인늘이 많았음)를 맞이하여 점심 식사를 했다. 칸트는 하루에 한 끼, 점심만 먹었다. 메뉴로는 버터, 치즈, 수프, 야채, 생선, 고기, 과일, 포도주 등 맛있는 음식이 나왔다. 그는 특히 치즈를 좋아했는데, 나이가 들어 의식 불명이 된 이유가 치즈를 너무 많이 먹어서였다고 한다. 점심시간은 그가 철학을 제외한(어려운 철학 이야기를 하면 손님들이 지루해 할 위험이 있다고 염려했기 때문) **다양한 주제를 놓고**

손님들과 얘기를 나누는 유일한 시간이었다.

　오후 3, 4시가 되면 산책을 나가는데, 비가 오나 눈이 오나 변함이 없었다. 칸트는 혼자서 조용히 사색하면서 산책했다. 다른 사람이 옆에 있어 말을 많이 하면, 입으로 숨을 쉬게 되어 폐에 찬 공기가 들어갈 수 있다고 염려했기 때문이다. 그는 걷는 동안 떠오르는 아이디어들을 메모지에 기록했다. 특히 땀 흘리는 것이 자신의 체질상 좋지 않다고 믿어 땀을 흘리지 않으려고 애썼다. 산책할 때는 가발을 썼으며, 옆구리에는 칼을 꽂고 다녔다. 산책할 때에도 아무렇게나 돌아다니는 것이 아니라 항상 일정한 코스를 걸었다. 루소의 『에밀』을 읽는 데 열중하느라 며칠 집에서 나오지 않은 때를 빼고, 칸트는 나이가 들어 산책이 힘들어질 때까지 한 번도 거른 적이 없었다. 그리하여 이웃에 살던 사람들은 칸트의 움직임을 보고 시곗바늘을 맞출 정도였다고 한다. 산책에서 돌아온 칸트는 다시 연구에 몰두하다가 밤 10시에 정확하게 잠자리에 들었다.

커피를 매우 좋아했지만, 커피 기름이 건강에 해롭다는 사실을 알고는 철저하게 피했다. 또, 아무리 심한 병에 걸렸을 때에도 하루에 약 두 알 이상을 먹지 않는다는 규칙을 지켰다.

칸트는 건강과 관련하여 작은 책자를 내기도 했는데, 그 소주제는 '잠에 관하여', '먹고 마시는 데 관하여', '고민으로 생기는 병적인 느낌에 대하여' 등이었다. 예를 들어, 잠을 충분히 자는 것도 좋지만, (특히 낮 시간에) 너무 많이 자는 것은 건강에 도움이 되지 않는다고 하였다.

이사만 여섯 번 하다

칸트는 주위 환경도 정확하게 정리 정돈되어 있어야 했다. 만일 가위나 주머니칼이 평상시의 위치에서 조금이라도 빗나가 있거나 의자가 제자리에 놓여 있지 않으면 불안해서 안절부절못했다.

칸트는 무려 여섯 번이나 이사를 하는데, 그 이유는 대개 주변이 시끄러워서였다. 한번은 이웃집 수탉이 심하게 울어 대 돈을 주고 사려고 했다. 그러나 주인이 팔지 않자 결국 이사를 했다. 그런데 새로 옮겨 간 집이 하필 감옥 옆이었다. 당시에는 죄수들이 죄를 뉘우치는 마음으로 찬송가를 크게 부르는 것이 관습이었다. 죄수들이 창문을 열어 놓고 찬송가를 불러 대자 칸트는 시장에게 불평을 털어놓았다.

"나는 수감자들이 작은 목소리로 노래를 부르면 마치 영혼이 구제받지 못하기라도 하듯이, 창문을 닫아도 노랫소리가 들릴 정도로 큰 소리로 찬송가를 불러야 할 이유는 없다고 생각합니다."

얼마나 마음이 상했는지 『판단력 비판』에서까지 이 일을 끄집어 낼 정도였다. 무엇보다 화가 났던 것은 규칙적인 생활 리듬이 깨지는 일이었다. 어느 날 한 귀족이 칸트를 마차 산책에 초대했는데, 그 시간이 길어지는 바람에 밤 10시에야 집으로 돌아왔다. 그는 이때부터 "어느 누구의 마차 산책에도 절대로 따라가지 않는다!"는 새로운 생활 규칙을 정했다.

칸트는 연구 생활에 지장이 있는 일은 되도록 삼갔다. 두 번이나 총장 자리에 취임했으나 임기 만료 전에 스스로 물러났다. 제자들에게는 "음악에 깊이 빠져서는 안 된다."라고 경고했는데, 음악을 하려면 많은 시간이 걸리고, 학문을 쌓아 가는 데 방해가 된다는 것이 그 이유였다. 그는 연극이나 그림을 감상하는 일도 거의 없었고, 여행이나 댄스, 사냥이나 운동도 할 줄 몰랐다. 칸트가 즐겼던 취미

생활은 오로지 산책이었다.

근검절약하는 철학자 ————————

기나긴 시간 강사 시절 동안 칸트는 생활고를 벗어나지 못했다. 수입이 너무 적어 끼니를 거르는 일도 있었다. 그런 와중에도 병이 생길 경우를 대비해, 매월 20타아르의 돈을 저축하고 절대로 꺼내 쓰지 않았다. 덕분에 나이가 들어서는 풍족하게 살 수 있었다. 칸트가 사망하기 6년 전인 1798년의 유언장에 따르면, 1만 4,410불의 현금 외에 집과 그에 딸린 정원이 유산이었으며 빚은 전혀 없었다.

칸트는 꽤 큰 재산을 마련했다. 대부분은 강의와 인세, 봉급과 그의 검소한 생활에서 절약하여 모은 것이었다. 여기에 친구인 그린과 마자비 두 상인에게 맡긴 돈에서 발생한 이자가 합쳐졌다. 이런 점에서 칸트는 경제 관념에도 상당히 밝은 사람이었다고 평할 수 있겠다.

그렇다고 칸트가 구두쇠는 아니었다. 친척이나 해고시킨 하인, 생계가 곤란한 이웃 사람들에게는 연금 등을 지불하며 도움을 주었다. 형제들과 친족들에게 보조금으로 매년 200불 정도를 보내 주기도 했다. 예순 살이 넘어 낡은 집을 하나 샀는데, 집을 꾸미는 일에는 매우 검소했다. 방 안에는 책상과 책장 두 개가 있었고, 벽에는 루소의 초상화 한 장이 걸려 있을 뿐이었다.

여한이 없다

가르베: 당대 대중 철학의 대표자로 "철학은 교단의 전문가가 아니라 현실 속의 사람들을 위해서 존재한다."라고 설파했다. 『순수이성 비판』에 대한 최초의 비평을 〈괴팅겐 학보〉에 게재한 것으로 유명하다.

1796년, 칸트는 여름 강의를 중단했다. 일흔네 살인 1798년에 가르베 에게 보낸 편지에는 이런 내용이 있다.

"나는 지금 철학의 모든 문제에 있어서 총결산을 해야 할 때가 다가오고 있음을 느낍니다. 하지만 아직 완성을 보지 못한 상태네요. …… 내가 현재 다루고 있는 과제는 『자연 과학의 형이상학적 시원(시작되는 처음)에서 물리학의 이행』에 관한 문제입니다. 어떻게든 이 문제를 해결하지 않으면 안 됩니다."

이 최후의 저서 때문에 칸트의 남은 에너지마저 다 소모되어 버린 듯하다. 나중에는 기억력마저 급격히 쇠퇴하여, 책상 위에 비망록(잊지 않으려고 적어 둔 책자)이 없으면 안 될 정도가 되었다. 이 무렵 칸트 곁에서 그를 보살핀 사람은 제자인 바지안스키 목사였다. 어느 따뜻한 봄날, 제자가 산책을 권했지만 스승은 방 안에 있는 자기 자리만을 고집했다.

가을이 되자 칸트의 몸은 더욱 약해졌고, 간혹 넘어져 생명을 잃을 뻔한 일도 있었다. 이때 혈육으로 하나 남은 막내 여동생 카타리나가 와서 오빠 곁에 머물렀다. 칸트를 숭배하는 사람들이 수시로 찾아왔지만 그 누구도 만나려 하지 않았다.

1803년 말이 되자 눈도 거의 보이지 않게 되었다. 그는 모든 위임장에 겨우 서명만 하고, 나머지 일은 제자인 바지안스키에게 맡겼다. 1804년 2월, 칸트는 아무것도 먹을 수 없는 지경이 되었다. 칸트는 더욱더 쇠약해져 갔다. 전혀 먹지 못했고, 말도 하지 못했다. 칸트는 마침내 1804년 2월 12일을 맞이했다. 그날 새벽 1시 무렵, 물에 탄 포도주로 입술을 적신 칸트는 가느다랗지만 알아들을 수 있게 "Es ist gut!(이것이 좋다. 혹은 여한이 없다!)"라는 마지막 말을 남겼다.

칸트는 평소 소박한 장례식을 원했지만 실제 장례식은 성대하게 치러졌다. 시내에 있는 모든 교회의 종에서 조종(죽은 사람을 애도하는 뜻으로 치는 종)이 울려 퍼졌고, 수천 명의 행렬이 운구(상여를 장지로 운반하는 일)를 따랐다. 시신은 그가 평생 근무했던 쾨니히스베르크 대학교의 캠퍼스 안 묘지에 안치되었다. 지금의 묘에는 『실천이성 비판』의 마지막 부분에 나오는 구절이 새겨져 있다.

"내가 오랫동안 생각하면 생각할수록, 감탄과 외경(畏敬-공경하면서 두려워함)을 내 마음속에 채우는 두 가지가 있다. 그것은 내 머리 위에 별이 총총한 하늘과 내 마음속의 도덕률이다."

칸트

칸트(1724년~1804년)는 독일 계몽기의 비판 정신을
대표하면서 독일 고전 철학의 출발점을 이루는 철
학자이다. 처음에는 라이프니츠-볼프의 합리주의
를 연구했다. 그러나 영국 경험론의 영향을 받아
영혼, 세계, 신, 자유 등에 관한 합리주의적 형이상
학에 의심을 품고 학문적인 인식의 범위를 경험 세계
에만 한정하고자 했다. 칸트는 우리 인간의 인식 줄기를 세 가지로 들었다.

먼저 감성感性인데, 이것은 밖의 대상이 우리에게 작용함으로써 일어나는
우리들 자신 가운데의 어떤 능력을 말한다. 감성에 의해 우리는 외부의 대상
을 받아들인다. 이 받아들여진 재료를 버무리고 종합하는 능력이 오성悟性이
다. 시간, 공간의 직관 형식에 의해 주어진 인식의 재료(질료)를 우리의 감성이
받아들였지만, 참다운 인식이 성립되기 위해서는 그 대상이 오성에 의해 사
유되지 않으면 안 된다. 결국 참다운 인식은 감성의 수용성과 오성의 자발성
이 결합함으로써 이루어진다.

마지막으로 이성理性이 있는데, 이것은 우리가 알 수 없는 세계(물자체계,
예지계)까지 알려 든다. 여기에서 우리의 이론 이성은 이율배반(똑같이 정당하게
보이는 두 개의 원리 사이에 존재하는 모순)에 빠지고 만다. 영혼과 세계, 신에 대한

선험적 가상(일종의 착각)이 생기는 것이다. 이 단계에서 우리는 가령 영혼이 불멸하는지 하지 않는지, 세계가 무한한지 유한한지, 신이 존재하는지 존재하지 않는지 알 수 없게 된다. 왜냐하면, 그것들은 똑같은 권리를 가지고 우리에게 다가오며, 우리는 그것들을 현실적으로 경험(확인)할 수 없기 때문이다. 이제 여기에 대한 해답은 이론의 세계에서가 아니라, 실천적·도덕적 세계에서나 가능한 것으로 남아 있게 된다.

우리의 순수 이성(이론 이성)은 영혼이 불멸하는지 신이 존재하는지 알 수 없다. 하지만 적어도 (실천 이성의 입장에서) 도덕을 위해서는 영혼도 불멸해야 하고 신도 존재해야 한다. 여기에서 영혼과 신의 존재가 요청된다. 이 점에서 순수 이성에 대한 실천 이성의 우위가 있는 것이다. 이러한 인식론, 윤리학 외에 칸트에게는 자연 과학적인 업적도 많다. 특히 만년에 쓴 『이성의 한계 안에서의 종교』는 정통 기독교 사상으로부터 벗어나 있어 프러시아 정부로부터 금지를 당하기도 했다.

KANT

8

헤겔

현대 철학의
원천이 되다

프러시아의
국가 철학자
—— 헤겔!!

헤겔은 1770년 독일 슈투트가르트에서 세무 공무원의 2남 1녀 가운데 장남으로 태어났다. 어머니는 성품이 온유했으며, 아들에게 라틴어를 가르쳐 줄 정도의 재능과 교양을 갖추고 있었다. 하지만 헤겔이 열세 살 때 어머니가 돌아가셨다.

　라틴어 학교를 졸업한 헤겔은 김나지움에 입학했다. 이곳에서 늘 모범생이었던 헤겔은 자신의 재능을 인정해 주는 레플러 선생님을 만났다. 그는 레플러 선생님의『신약 성경』, 그리스 고전, 셰익스피어 희곡 등의 강의에 깊은 감명을 받았다. 그리하여 레플러 선생님이 갑작스레 세상을 떠났을 무렵 헤겔은 일기장에 이렇게 적었다.

　"레플러 선생님은 매우 성실하고 공평하셨다. 학생들을 위해 몸을 아끼지 않는 것이 유일한 염원이셨다. 이제 선생님은 가시고 없다. 하지만 나는 선생님에 대한 추억을 마음속 깊이 간직할 것이다."

　그리스 비극에 흥미를 가진 헤겔은 소포클레스의 작품『안티고네』를 번역했다. 그는 일생 동안 그리스 정신에 관심을 가졌고, 그의 사상을 형성하는 데도 큰 영향을 끼쳤다.

김나지움을 졸업한 헤겔은 그해 가을에 "온 힘을 다해 신학만 전공할 것이며, 신학과 관계없는 직업에는 나가지 않을 것"을 굳게 서약하고, 신학교인 튀빙겐 대학교에 장학생으로 입학했다. 그러나 철학의 매력에 빠져들면서 이 서약을 지키지 못했다.

헤겔: 독일 관념론을 완성시켰다. 헤겔은 역사를 이끌어 가는 절대 정신이 있으며, 그것이 개인을 도구로 사용한다고 보았다.

대학에서 헤겔은 동갑인 횔덜린(독일의 시인), 다섯 살 아래의 조숙한 천재 소년 셸링(독일 관념론 철학자)과 친해졌다. 셸링은 선배인 헤겔을 이끌어 나갈 정도로 두각을 나타냈다. 반면에 헤겔은 별다른 능력을 발휘하지 못했고, 성적도 철학을 제외하고는 평균점 이하였다. 친구들은 말없이 자기 할 일만 하는 헤겔에게 '노인(할아버지)'이라는 별명을 붙여 주었다. 하지만 헤겔 역시 친구들과 문학 논쟁을 벌이기도 하고, 동아리 활동을 하며 소리 높여 자유를 외치기도 했다.

프랑스 혁명으로 현실에 눈을 뜨다

헤겔의 생애가 걸쳐 있는 18세기 후반에서 19세기 초반은 산업 혁명, 프랑스 혁명, 미국의 독립, 나폴레옹의 집권과 몰락 등 역사적인 사건들이 이어지고 있던 때였다. 헤겔에게 현실에 대한 눈을 뜨

게 해 준 사건이 대학 2학년 때 일어났는데, 바로 프랑스 혁명(1789
년)이었다. 프랑스 혁명의 영향으로 유럽의 학생들은 자유와 혁명을
찬양했다. 헤겔 역시 혁명에 대한 정열을 불태웠다.

　어느 봄날 일요일, 튀빙겐 외곽 들판에 정치 클럽의 회원들이
모였다. 그들은 프랑스 시민을 흉내 내어 '자유의 나무'를 심어 놓
고, "자유 만세! 루소 만세!"를 외쳤다. 프랑스의 애국가 마르세예
즈(혁명 시기인 1792년 루제 드릴이 작사, 작곡했다.)도 불렀다. 이들 가운데
헤겔도 끼여 있었다. 그가 매년 프랑스 혁명 기념일을 자축하며 포
도주를 마셨다는 일화에서도 프랑스 혁명이 얼마나 큰 영향을 미쳤

는지 짐작할 수 있다.

가정 교사를 거쳐 철학 교수가 되다

헤겔은 신학을 전공했다. 따라서 연구 주제는 종교였고, 「민족 종교와 기독교」라는 논문을 쓰기도 했다. 하지만 튀빙겐 대학교를 졸업한 헤겔은 목사가 되기를 거부하고, 철학자가 되기 위해 칸트나 피히테 등의 선배들을 본 따 가정 교사 생활을 시작했다. 1793년에는 스위스의 수도 베른으로 가서 슈타이거 귀족 가문에서 가정 교사로 3년 동안 일했다.

괴테: 독일의 세계적인 문학가로 독일 고전주의의 대표자이다. 작품에는 희곡 「파우스트」, 소설 「젊은 베르테르의 슬픔」 등이 있다.

스물일곱 살이 되던 1797년 1월, 헤겔은 횔덜린의 주선으로 독일의 프랑크푸르트로 가게 되었다. 그곳에서 고겔 가문의 가정 교사로 생활했는데, 그때 아버지가 돌아가셨다.

그 후 셸링의 추천으로 철학자들의 메카(원래는 이슬람교를 창시한 마호메트가 태어난 사우디아라비아의 도시 이름이지만, 여기에서는 어떤 분야의 중심지를 말한다.)로 통했던 예나 대학교에 시간 강사로 초빙되어 갔다. 1805년에는 문교 장관인 괴테 의 추천을 받아 같은 대학의 원외

교수(정원 외로 채용된 임시 교수)로 임명되었다. 그러나 봉급이 적어 정기적으로 바이마르(독일 동부 작센·바이마르·아이제나흐 공국의 수도)의 문교 장관인 괴테에게 보조금 청원서를 내야 했다.

나폴레옹에 대한 찬양, 그리고 배신감

〈에로이카〉: 이탈리아어로 '영웅'이란 뜻이며, 베토벤의 교향곡 제3번의 다른 이름이기도 하다. 이 곡을 작곡할 당시 베토벤은 나폴레옹을 '세기의 영웅'으로 보고, 음악으로 표현하려 했다. 1804년 베토벤은 〈영웅 교향곡〉을 완성했고, 나폴레옹에게 이 곡을 바칠 생각으로 표지에 '보나파르트에게'라고 써 놓았다. 하지만 '나폴레옹이 황제가 되었다.'는 소식이 들려오자 악보의 표지를 찢어 버렸다. 그 후, 베토벤은 이 교향곡에 〈영웅〉이라는 제목을 붙였다.

1806년 헤겔은 예나에서 프랑스 혁명군이 진입하는 것을 보았다. 군대가 예나의 성벽 안에 도착하는 모습을 2층 숙소에서 목격한 헤겔은 고향 친구이자 대학 동창인 니트함머에게 편지를 보냈다.

"나는 적지를 정찰하기 위해 말을 타고 시내를 가로지르고 있는 세계정신(나폴레옹)을 보았다네. 한 지점에 집결해서 말 위에서 세계를 압도하고 정복하고 있는 이런 개인을 목격하는 것은 뭐라 형언할 수 없는 기분을 느끼게 한다네."

헤겔은 나폴레옹이 자유와 민족주의를 전파하는 것으로 보고 처음에는 매우 높이 평가했다. 같은 시대에 살았던 베토벤이 나폴레옹을 위해 〈에로이카〉를 작곡한 것과 똑같은 맥락이다. 그러나 베토벤이 실망했던 것처럼, 그 '세계정신'은 헤겔에게도 엄청난 고

통을 안겨 주었다. 그의 집은 빼앗겼고, 전쟁의 혼란으로 봉급마저 중단되었다. 심지어는 나폴레옹 군대가 예나 대학교를 점령하여 대학의 문이 닫히기도 했다. 병사들의 약탈이 시작되었을 때 헤겔이 한 병사의 가슴에 달려 있는 훈장을 가리키며 "이렇게 명예로운 훈장을 달고 있는 군인이 그런 짓을 할 수 있는가?"라고 타이르며, 포도주 한 병으로 피해를 면했다는 이야기도 있다. 하지만 오래 배겨낼 수 없어 다른 곳으로 몸을 피해야 했다.

전쟁 중에 헤겔은 최고의 역작으로 평가받는 『정신 현상학』의 마지막 부분을 탈고했다. 출판사의 빗발치는 독촉과 전쟁터의 대포 소리를 들으면서, 나폴레옹 군대가 예나에 입성한 날인 1806년 10월 13일 한밤중의 일이었다. 이 책은 1807년 4월 밤베르크에서 처음 출판되었다.

뉘른베르크 고등학교의 교장이 되다

서른일곱 살, 헤겔의 생애에서 크나큰 사건이 발생했다. 하숙집 부인과 불륜 관계였는데 그 사이에서 사생아 루트비히(세례식에는 헤겔의 동생과 서적상인 프롬만이 참석했다.)가 태어난 것이다. 그녀는 딸 하나를 두었는데, 그 무렵 남편이 멀리 떠나 있었다. 결혼도 하지 않은 젊은 학자가 남편이 있는 여성에게서 아들을 낳은 것은 사람들의 입방아에 오르내릴 만한 일이었다. 헤겔은 소문을 잠재우기 위해 '그녀의 남편이 죽어 미망인이 되면 그때 결혼하겠다.'라고 공언했다. 훗날 그녀는 미망인이 되었지만, 애초부터 헤겔과 결혼할 생각이 없었다고 한다. 어쨌든 그의 불륜 관계는 곧 알려졌고, 대학을 떠나야만 했다.

직장을 잃고 아버지의 유산마저 바닥내 버린 헤겔은 경제적 어려움에 빠졌다.『정신 현상학』의 원고료 문제로 출판사와 심한 말다툼을 벌일 정도로 가난한 상태였다. 이때 친구인 니트함머가 헤겔에게 돈을 빌려주고 출판사와의 분쟁을 조정해 주었다.

얼마 후 니트함머의 소개로 헤겔은 밤베르크에서 발행되는 작은 신문의 편집인이 되었다. 당시 신문들은 상당히 까다로운 검열을 받아야 했는데, 그것을 못마땅하게 여긴 그는 그마저도 곧 그만두었다. 그러자 니트함머가 고등학교 교장 자리를 소개해 주었다.

1808년, 서른여덟 살인 헤겔은 뉘른베르크 고등학교의 교장으로 8년 간 근무했다. 그리고 두 번째 저서인『논리학』을 세상에 내놓았다. 이 책의 출판으로 보통의 논리학과는 다른 헤겔의 독자적인 논리학이 창출되었고, 철학자로서의 명성도 떨치게 되는 계기가 되었다.

> 『정신 현상학』: 헤겔의 3대 저서인 『정신 현상학』, 『논리학』, 『법철학 강요』 가운데 한 권으로 정신이 현상하는 것을 다루고 있다. 특히 이 책에서 「자기의식」장은 동물적 삶에 머물지 않고 (자존감을 지닌) 자기의식으로 인정받기를 원하는 인간들의 처절한 투쟁을 그리고 있다.

결혼으로 세속적인 목적을 완전히 이루다

헤겔은 마흔한 살에 명문 집안 딸인 마리 폰 툭허와 결혼하였다. 스무 살인 마리는 남편을 항상 존경하고 사랑했다. 헤겔에게 이미 아들이 있다는 사실을 알았지만 남편에 대한 태도는 변하지 않았다. 두 사람 사이에는 딸 하나와 아들 둘이 태어났다.

헤겔은 니트함머에게 보낸 편지에 결혼 생활에 대한 만족감을 이렇게 적었다.

"나는 세속적인 목적을 완전히 이룬 셈이 되었네. 왜냐하면 세상 사람들의 입장에서는 직장과 사랑하는 아내를 얻었다는 것으로 이 세상에서 할 일을 다한 것이기 때문일세. 직업과 사랑하는 아내를 가지는 것은 개인이 추구해야 할 가장 으뜸가는 행복이 아닌가. 그것 외의 것은 본질적인 주제가 아니네. 작은 항목이거나 주석일 뿐이지."

1816년 8월에 하이델베르크로 떠나기까지 헤겔은 뉘른베르크에서 편안하고 행복한 삶을 살았다. 철학의 학문적 연구에서도 커다란 진전을 이루었다. 바로 중요한 저작인 『대논리학』을 완성한 것이다. 헤겔 스스로도 이 일에 큰 자부심을 느꼈는지 "결혼하고 첫 학기 안에 가장 추상적인 내용의 책을 480쪽이나 쓴다는 것은 결코 쉬운 일이 아니다."라는 말을 남겼다.

학문적 활동에 꽃을 피우다

대학교수가 되고자 하는 헤겔의 꿈은 1816년 가을에 이루어졌다. 헤겔의 저작이 알려지면서 이곳저곳에서 교수로 초빙하겠다는 제안이 들어왔다. 마침내 그는 하이델베르크 대학교의 철학과 정교수로 임명을 받았다. 그러나 이 대학에 근무한 것은 겨우 2년에 불과했다. 이 시기에 그의 세 번째 책인 『철학 총설』이 출판되었는데, 헤겔 철학의 모든 것을 보여 주는 대저작이라 할 수 있다.

1818년 마흔여덟 살인 헤겔은 작고한 피히테(독일의 철학자·애국자. '독일 국민에게 고함'이라는 연설로 유명)의 후임으로 베를린 대학교의 교수로 취임했다. 그리고 1821년 『법철학 강요』를 내놓았다. 이때야말로 그의 학문적 활동의 마지막 시기이자 가장 화려한 시기라고 할 수 있다.

"칸트 이전의 모든 사상은 칸트로 흘러 들어와 독일관념론이라는 호수에 고여 있다가, 헤겔을 통해 흘러 나가 이후 모든 사상의 원천이 되었다."

이 말은 헤겔 철학이 서양 사상사에서 차지하고 있는 위치를 단적으로 표현해 준다.

쇼펜하우어에게 참패를 안겨 주다

한편, 쇼펜하우어는 헤겔을 비난하고 나섰다.

"천박하고 미련하고 역겹고 매스껍고 무식한 사기꾼인 헤겔은 뻔뻔스럽고도 어리석은 소리들을 잔뜩 늘어놓았는데, 이것을 그의 상업적인 추종자들은 불멸의 진리인 양 나팔을 불어 댔으며 바보들은 그것을 진실인 줄로 알아 환호하며 받아들였다."

또한, "모순투성이의 서생(글만 읽어 세상일에 서투른 선비)이 삼십 년이란 긴 세월 동안 독일에서 가장 위대한 철학자로 간주되어 왔지만, 후세에는 헤겔에 대한 진실이 폭로되고야 말 것이다."라고 예언하기도 했다.

그러나 쇼펜하우어의 예언은 보기 좋게 빗나갔다. 헤겔에 관한 헤아릴 수 없이 많은 책들이 쏟아져 나왔고, 전 세계에 헤겔학회가 결성되었으며, 온갖 종류의 헤겔 학도가 생겨났기 때문이다. 나아가 그의 제자인 마르크스를 통해 공산당 선언, 레닌 혁명 등과 같은 세계적인 사건에까지 관여하고 있다. 헤겔의 사상은 세계를 변혁시키는 데 영향을 미치고 있는 것이다.

헤겔을 향한 쇼펜하우어의 지나친 분노는 개인적인 원한에 근거하고 있다고 할 수 있다. 두 사람 사이에 견원관계(개와 원숭이의 관계를 비유하여 사이가 나쁜 두 사람 관계를 나타내는 말이다.)가 시작된 원인은 쇼펜하우어를 강사로 채용하는 시험의 심사 위원장이었던 헤겔이 그를 떨어뜨리는 데 있었다.

여기에는 좀 더 깊은 사정이 있었다. 1819년, 쇼펜하우어는 야심찬 저작 『의지와 표상으로서의 세계』를 내놓았다. 하지만 아무런 반응이 없자 불안한 미래가 걱정되어 베를린 대학교의 철학 교수에 지원했다. 당시 쇼펜하우어는 교수 자격을 갖추지 못한 상태였다. 그럼에도 대학은 그의 요청을 받아들였다. 1820년 3월 18일, 쇼펜하우어는 학장에게 편지를 보냈다. 이틀 전 헤겔에게 「충족 이유율의 네 가지 근거에 관하여」 강의를 할 수 있도록 허락해 달라는 요청을 했으며, "헤겔 교수는 매우 감사하게도, 아주 기꺼이 허락을 해 주셨습니다."라고 썼다. 그렇다면 헤겔이 직접 쇼펜하우어의 앞길을 가로막은 일은 없었다는 말이 된다.

문제는 쇼펜하우어 자신에게 있었던 것 같다. "후세에는 반드시 내 기념비가 건립될 것이다."라고 호언장담하던 이 신출내기 시간 강사가 자기의 강의를 헤겔의 강의 시간대로 옮겨 개설한 것이다. 그런데 헤겔의 강의실에는 빈자리가 없을 정도로 학생들이 몰려들었던 반면, 그의 강의실에는 겨우 서너 명밖에 없었다. 첫 강의가 처참하게 실패한 후, 쇼펜하우어는 몇 년 동안 베를린을 떠나 있었다. 그러다가 1826년 봄에 다시 강의할 수 있게 해 달라고 베를린 대학교에 요청했다. 이번에도 쇼펜하우어는 헤겔이 강의하는 시간을 골랐다. 하지만 단 한 명의 학생도 강의실에 오지 않았다. 1830년 여름에는 세 명의 학생이 왔고, 그다음 겨울에는 다시 아무도 없었다. 자존심이 상할 대로 상한 쇼펜하우어는 그 후로 10여 년 동안 유럽 여행을 하며 시간을 보냈다. 교수직은 그로부터 멀어져 갔다. 이와 관련하여 한 교수는 "1820년부터 1831년까지 10년을 통틀어 철학과 무급 강사로서 쇼펜하우어만큼 비참하게 실패한 경우는 없었다."라고 증언하고 있다.

한편, 헤겔은 동료 교수인 슐라이어마허(독일의 프로테스탄트 신학자이자 철학자)와도 사이가 좋지 않았다. 헤겔이 다른 동료들과 함께하는 술자리에서 슐라이어마허와 간단한 대화를 나눈 적도 있지만 사람들 사이에서는 '두 사람이 어떤 논문에 대해 토론하다가 서로 칼을 빼들고 싸웠다.'라는 말이 돌았다. 그래서 두 사람은 이 소문을 없애기 위해 사이좋게 미끄럼틀을 함께 타고 내려올 수밖에 없었다고 한다.

학생들이 몰려드는 묘한 강의

헤겔은 강의를 재미있게 하는 사람도 아니었고, 학생들이 감동할 만큼 뛰어난 달변가도 아니었다. 그렇다고 강의 내용을 쉽게 이해할 수 있는 것도 아니었다. 특히 목소리가 형편없었다. 사람을 대체로 좋게 평가하는 괴테조차 "그의 중얼거리는 말투를 도저히 참기 어려웠다."라고 말할 정도였다.

교수가 된 첫해에 헤겔은 4명의 학생으로 강의를 시작했다. 그런데 시간이 흐를수록 학생들이 몰려들었다. 다음 해에는 수강생이 70명이 넘었고, 헤겔을 숭배하는 귀족까지 생겨나 명성이 점점 더 높아졌다. 헤겔의 강의에는 사람을 끌어당기는 묘한 힘이 있었다. 한 학생은 헤겔이 강의하는 모습을 이렇게 썼다.

"기운 없이 몸을 움츠리고 앉아서, 그(헤겔)는 커다란 노트를 앞뒤로 넘기고 위아래로 훑어보면서 무언가를 찾고 있었다. 끊임없는 헛기침과 잔기침은 말의 흐름을 계속 방해하였다. 금속성을 띤 억센 사투리는 기괴하고 이상한 중량감을 주었다. 그럼에도 불구하고 전체적인 분위기는 깊은 존경심을 불러 일으켰고, 경외감을 품도록 만들었다. 도저히 해석해 낼 수 없어 보이는 것들의 밑바탕을, 저 위압적인 정신이 훌륭하게 파헤치는 것이었다. 마침내 목소리는 차츰 커지고 눈은 청중들 너머로 날카롭게 번득이며, 뿌리 깊은 확신의 섬광이 소리 없이 타오르며 빛을 내뿜기 시작했다."

이처럼 헤겔이 진지하게 강의하고 싶이 있게 생각하는 철학자라는 이미지가 생겨나자, 학생들이 더욱 늘어났다. 심지어 그의 몸짓이나 말하는 태도를 흉내 내는 사람들까지 생겨날 정도였다.

헤겔은 그 철학의 심오함으로 대학에서 대단한 영향력을 발휘
했다. 그의 강의실은 발 디딜 틈 없이 청중들로 꽉 들어찼고, 학생
들뿐만 아니라 육군 소령, 대령, 추밀고문관(군사에 관한 주요한 기밀을
관장하는 관리)까지 왔다.

마침내 헤겔은 '프로이센의 국가 철학자'로 공인되다시피 하여
독일 철학의 태두로 군림했다. 그의 제자들도 여러 대학의 교수직

에 임명됨으로써 헤겔학파는 거대한 세력을 형성하게 되었다. 1829년에는 베를린 대학교의 총장에 취임하기도 했다.

1831년, 헤겔은 베를린 전 지역에 맹위를 떨치던 급성 콜레라에 걸려 세상을 떠났다. 마지막 숨을 거두기 전에 그는 "나의 학생 중에서 나를 이해한 사람은 단 한 명이다."라고 말했다. 그리고 잠시 사이를 두고 "아니, 이 학생도 나를 완전히 이해하지는 못했어."라고 덧붙였다. 헤겔의 유해는 그가 원했던 대로 베를린의 피히테 묘 옆에 묻혔다.

헤겔의 무덤: 독일 베를린에 있는 훔볼트 대학교 안에 있다.

헤겔

독일 고전 철학의 대표자인 헤겔(1770년~1831년)이
보았을 때, 칸트 철학은 주관적인 관념론에 지나지
않았다. 가령 시간, 공간은 우리 인간의 직관 형식
이었고, 인식 역시 (우리의 감성에 의해 받아들여진 재료
에) 우리 자신 가운데에서 우러나오는 오성이 자발
적으로 작동함으로써 성립되는 것이었다. 이에 따라 사
물 자체(물자체)는 인간이 알 수 없는, 신비한 어떤 것으로 간주되고 말았다.

헤겔은 칸트가 제쳐 놓은 대상, 즉 사물을 포기할 수 없다고 생각했다. 여
기서부터 객관적 관념론을 향한 길이 트인다. 결국 헤겔은 피히테의 주관적
관념론과 셸링의 객관적 관념론을 종합하여 절대적 관념론을 완성하였다. 절
대적 관념론에 따르면, 인간의 사고가 세계정신 자체의 사고이다. 이 세계정
신은 사물들을 생각(사유)함으로써 사물들을 만들어 낸다. 그러므로 이 세계정
신 안에서 사고와 존재와 진리는 모두 일치한다.

헤겔에게 세계역사는 세계정신의 자기 전개 과정에 불과하다. 세계정신
의 목적은 자유 의식의 진보이며, 그 목적을 달성하기 위해 세계정신은 개인
을 도구로 사용한다. 각 개인들은 자신의 개인적 목적을 위해 행동하며 권력
을 확장해 간다고 생각하지만, 사실은 세계정신에 의해 이용되는 꼭두각시에

불과하다. 절대이성의 교활한 지혜에 의해, 개인은 자신의 모든 정열을 바쳐 그것이 추구하는 역사의 필연 과정에 들러리를 서 준다. 때문에 자기의 역할이 끝나자마자 역사의 무대에서 홀연히 사라지고, 세계정신은 새로운 전진을 계속해 나가는 것이다. 그리고 모든 개인이나 민족은 세계사적 이성에 합치되는 방향으로 움직일 뿐이므로, 적어도 어떤 시점에서의 역사적 사건은 바로 그 순간을 지배하는 필연 자체가 된다. 바로 이런 의미에서 헤겔은 "이성적인 것은 현실적이요, 현실적인 것은 이성적이다."라고 말했던 것이다.

헤겔 철학은 매우 혁명적이었지만 관념론적 색채로 인해 그 실현에 많은 제약이 따를 수밖에 없었다. 또한 프랑스 혁명을 환영하는가 하면 조국 프로이센의 군주제를 옹호하는 등 정치적으로 이중적인 태도를 취했다.

9

쇼펜하우어

세계는
나의 표상이다

욕망 덩어리

이기주의자

쇼펜하우어는 독일의 단치히(현재 폴란드 중북부에 위치한 도시 그다니스크의 독일식 이름)에서 부유한 상인의 장남으로 태어났다. 아버지는 고지식하고 교양이 없는 추남이었지만, 어머니는 문필가로서 뛰어난 재능을 가진 미모의 작가였다.

　프로이센을 몹시 증오한 쇼펜하우어의 아버지는 프로이센이 단치히를 점령했을 때, 적지 않은 손해를 보면서도 자유를 찾아 함부르크로 이사했다. 장사에 상당한 재능이 있었던 아버지는 아들 쇼펜하우어를 고귀한 인품을 지닌 훌륭한 상인으로 키우고 싶어 했다. 개방적이고 활달하며 세계 시민적인 사업가로 키워 자신의 뒤를 잇게 하려 한 것이다. 세례명을 아르투어Arthur라고 지은 것도 유럽 어느 나라에서나 똑같이 발음된다는 사실을 알고 나중에 사업하는 데 도움이 될 거라고 생각해서였다.

사업가가 아닌 학자를 꿈꾸다

그러나 아들 쇼펜하우어는 학자가 되고 싶은 열망에 사로잡혀 있었다. 어머니와 교제하던 유명한 문인들이 그의 집에 자주 드나든 데서 영향을 받은 것으로 보인다. '학자'와 '가난'을 동의어로 생각한 아버지는 아들의 마음을 돌리기 위해 거절하기 힘든 제안을 내놓았다.

쇼펜하우어: 사람을 믿지 못했을 뿐더러 모든 것을 의심했다. 세계 안의 모든 것은 무의식적 의지의 지배를 받는다고 말했다.

"온 가족이 유럽의 여러 나라를 오랫동안 여행하려고 한다. 네가 학자가 되겠다면 라틴어를 배우기 위해 함부르크에 남아 있어야 하고, 상인이 되겠다면 지금 따라나서도 좋다."

쇼펜하우어는 달콤한 유혹을 뿌리치지 못한 채 상인이 되겠다고 약속하고 말았다. 2년간의 여행을 통해 그는 여러 나라의 언어와 귀족적 품성을 익힐 수 있었다. 하지만 훗날에 이 여행에 대해 이렇게 회고했다.

"고전과 희랍어, 라틴어 공부를 할 수 있었던 젊은 시절을 쓸모없이 보냈다."

아버지와 약속한 대로 쇼펜하우어는 함부르크의 유명한 상인 밑에서 견습생 노릇을 하였다. 그러나 장사하는 일에는 도통 관심이 없었고, 틈나는 대로 책을 읽거나 시내에 나와 강연을 들었다.

열일곱 살 되던 해인 1805년 4월 어느 날. 아버지가 상점 창고에서 떨어져 죽는 사건이 일어났다. 이 죽음은 자살로 추정되었다. 당시 아버지는 점점 악화되는 귀머거리 증세와 부부 갈등, 우울증 등으로 괴로워하고 있었다. 이 사건으로 큰 충격을 받은 쇼펜하우어는 어머니를 격렬히 비판했다.

"아버지가 고독하게 지내는 동안 어머니는 파티를 열었고, 아버지가 극심한 고통으로 괴로워하는 동안 어머니는 즐겁게 지냈다. 그것이 여인들의 사랑이다."

어머니도 세상에 대해 끊임없이 한탄해 대는 아들을 못 견뎌했다. 연회에 참석하는 높은 지위의 손님들과 불쾌한 논쟁을 벌이는 아들 때문에 늘 마음을 졸였다. 그녀에게 아들은 '언짢은 밤과 악몽을 가져다주는 아이'일 뿐이었다. 마침내 어머니는 딸만 데리고 함부르크를 떠났고, 쇼펜하우어는 아버지의 사업을 정리하면서 2년을 더 지냈다. 그러고 나서 바라던 김나지움에 입학했다.

애초부터 돈만 바라보고 사랑 없이 결혼을 했던 어머니는 막대한 유산을 챙겨, 연애 생활에 가장 적합한 바이마르(18~19세기 독일 정신문화의 중심이자 고전 문학의 메카. 문호 괴테와 실러, 작곡가 리스트, 철학자 니체 등이 활약했던 곳이다.) 지방으로 가서 자유로운 생활에 빠져들었다. 쇼

펜하우어는 어머니에게 강한 혐오감을 느껴 크게 싸우고 나서 따로
살기로 했다. 이때부터 쇼펜하우어는 정해진 면회 날짜에 여러 사
람들 사이에 끼어, 손님 가운데 한 사람으로 어머니를 만나야 했다.

　쇼펜하우어는 스물한 살의 성년이 되자 어머니를 상대로 소송
을 걸어 유산의 3분의 1을 받아 냈고, 그 유산을 가지고 평생을 풍
족하게 살 수 있었다.

대문호 괴테에게 인정받다 ―――――――

대학에 들어간 쇼펜하우어가 처음부터 철학을 선택한 것은 아니었다. 괴팅겐 대학교 의학부에 들어가 의학 공부를 하던 중, 칸트 연구가인 슐체(칸트를 비판적으로 넘어서고자 한 철학자)의 강의에 감동을 받아 전공을 바꾸게 된 것이었다. 하지만 다른 학생들에 비해 나이도 많고 성격이 괴팍하여 학우들과 잘 어울리지 못했다. 그것이 오히려 학문에 전념하는 데는 도움이 되었다.

호기심이 많았던 쇼펜하우어는 괴팅겐에 오래 머물지 않았다. 2년 뒤에 그는 피히테와 슐라이어마허가 이름을 날리고 있는 베를린 대학교로 옮겨 갔다. 피히테의 정열적인 애국 연설을 듣고 조국 해방 전쟁에 참여할까 하는 생각도 했다. 하지만 마음을 접고 전쟁을 피해 여러 곳을 떠돌아다니다가, 1813년 예나 대학교에서 박사 학위를 받았다.

애국 연설: 1807년 프랑스 군대가 베를린을 점령했을 때 '독일 국민에게 고함'이라는 유명한 연설을 통해 나폴레옹에 대항할 것을 호소한 연설을 말한다.

그의 박사 학위 논문 「충족 이유율의 네 가지 근거에 관하여」는 별다른 반응을 얻지 못했지만, 주의 깊게 읽은 몇 사람이 있었다. 그중 한 사람이 대문호 괴테였다. 괴테는 쇼펜하우어와의 첫 만남에 대해 이렇게 회상했다.

"거의 알려지지 않고 있지만, 학식이 깊고 업적이 많은 쇼펜하우어 박사의 방문은 나를 흥분시켰다. 우리는 서로 배움에 도움이 되었다.”

쇼펜하우어의 진면목을 꿰뚫어 본 괴테는 젊은 염세주의자에게 충고의 말을 건넸다.

“만약 그대가 자신의 가치를 즐기고자 한다면, 그대가 먼저 세계가 가치 있음을 인정해야 하네.”

사람을 믿지 못한 염세주의자

쇼펜하우어는 학위 논문을 어머니에게 보여 주었다. 하지만 어머니는 아들의 논문 제목 「충족 이유율의 네 가지 근거에 관하여」를 ‘충족 이유율의 네 겹의 뿌리’로 해석하여 “뭐? 뿌리? 약초 말이냐?”라고 빈정댔다. 쇼펜하우어도 지지 않고 응수했다.

“어머니의 책은 조금 있으면 사라지겠지만, 내 책은 먼 훗날에도 사람들이 읽을 겁니다. 두고 봐요.”

어머니도 다시 쏘아붙였다.

“그런 책은 앞으로도 수없이 쏟아져 나올 텐데 뭘.”

결과적으로 두 사람의 말은 모두 적중한 셈이 되었다. 당시 유명 작가였던 어머니는 그 후 사치로 재산을 탕진해 버렸고, 말년에는 귀족에게 연금을 구걸하는 처지로 몰락했다. 반면, 쇼펜하우어의 염세주의 철학은 점점 사람들의 관심을 끌어 지금까지도 생명력을 잃지 않고 있다. 물론 여러 종류의 철학책들이 쏟아져 나오고 있지만.

1819년, 여러 해 동안의 연구 끝에 쇼펜하우어는 『의지와 표상으로서의 세계』라는 책을 세상에 내놓았다. 그는 이 책이 '세계라는 수수께끼의 진정한 해결책이며 전적으로 새롭고 독창적인 사상으로서, 이후 수많은 책들의 원천이 될 것'이라고 장담했다. 하지만 사람들의 관심을 전혀 끌지 못했다. 쇼펜하우어가 더 많은 인세를 요구하자 출판 업자는 "이 책은 안 팔려서 파지(쓸모없는 종이)나 되지 않을까 염려된다."라고 공격했다. 그리고 그것은 현실이 되었다. 초판을 찍은 지 16년이 지난 후, 결국 출판업자가 책의 대부분을 폐지로 팔아 버릴 결심을 했던 것이다. 그럼에도 이 책이 살아남은 것은 철학의 역사에서 하나의 행운이라 해야 할 것이다.

쇼펜하우어가 한 학기 만에 대학 강의를 포기한 일화는 앞서 살펴보았다. 그런데 그는 이런 실패의 원인을 자기 탓이 아니라 다른 철학 교수들의 그릇된 증오와 지나친 시기심 탓으로 돌렸다. 동료들이 그를 증오하거나 시기하지도 않았고, 알고 싶어 하지도 않았는데도 말이다.

피히테는 "어떤 철학을 선택하느냐는 그가 어떤 사람이냐에 달려 있다."라고 말했다. 이 말은 쇼펜하우어에게도 해당된다. 쇼펜하우어의 인품이 염세적으로 형성된 것은 어수선한 가정 환경 탓으로 보이기 때문이다. 지독한 에고이스트(이기주의자)이자 지칠 줄 모르는 욕망에 사로잡혀 있던 쇼펜하우어의 비관주의는 어려서부터 그 터전이 마련되어 있었던 것이다.

쇼펜하우어는 동료 교수들이 자신을 해코지할 것이라 생각하여 항상 의심스러운 눈으로 주위를 살폈다. 이발사가 면도칼로 자신의 목을 벨지 모른다는 불안감 때문에 이발사에게 면도를 시키지도 않았다. 불이 날지 몰라 2층에서는 자지도 않았고, 잠을 잘 때에는 권총에 탄환을 넣어 침대 옆에 두고 잤다. 누군가 가까이 다가가기만 해도 그는 폭력을 휘둘렀다.

언젠가는 바느질하는 여자가 수다를 떨어 자신을 방해했다며 바닥에 내동댕이친 적도 있다. 쇼펜하우어는 평생 불구가 된 그녀에게 보상의 의무를 지면서 두고두고 자책감과 경제적인 부담으로 괴로워했다. 또 집의 은밀한 곳에 값나가는 물건을 숨겨 두었는데, 금화는 잉크병 속에 집어넣었고, 지폐는 침대 밑에 숨겼다. 그리고 자신의 책을 보급시키는 데 최선을 다하지 않는다고 출판업자들과 끊임없이 다투었다.

철학 교수와 여자에게 독설을 퍼붓다

쇼펜하우어가 증오하는 첫 번째 대상은 철학 교수들이었다. 자신도 철학 교수가 되기 위해 시도한 적이 있으면서 그들에게 지독한 독설을 퍼부었다. 그는 모욕할 대상을 고르는 데 신중을 기하기 위해 법적인 자문까지 받았다. 그의 신랄한 인신공격의 대상은 헤겔이었다. 쇼펜하우어는 헤겔을 '사기꾼'이자 '정신이 썩어 빠진 추악한 남자'로 여겼고, 헤겔의 학설을 '정신병자의 수다'로 치부했다. 피히테에게도 헤겔 못지않은 악평을 쏟아 냈다. 피히테의 말은 '궤변'에 지나지 않으며, 기껏해야 '요술쟁이의 주문'일 뿐이라고 비난한 것이다.

반면에 자신은 '철학의 숨은 황제'이며, 철학적 종교의 창시자라고 생각했다. 쇼펜하우어는 자신을 따르는 몇 명의 추종자들을 '사도(예수가 선택한 12명의 제자)', '복음사가(『신약 성경』의 복음서를 기록한 네 사람. 마태, 마가, 누가, 요한)'라고까지 불렀다. 같은 시대의 사람들이 자신을 인정하지 않는 데 대해서는 "후대의 평가에 호소한다."라고 매우 태연한 척했다.

쇼펜하우어가 그다음으로 경멸한 대상은 여성이었다. 그는 어머니와의 좋지 않은 관계로 인해 여성을 인간적 불행의 근원으로 생각했다. 쇼펜하우어는 낭비벽, 본능적인 교활함, 뿌리 뽑기 어려운 거짓말하는 습관을 여자들의 특징으로 꼽았다. 또 여자는 어디까지나 하위下位 존재로서 어린이와 남자 사이의 중간 단계에 속해 있다며 이렇게 말했다.

"성적 충동으로 이성이 흐려진 남자들만이 키가 작고, 어깨가 좁으며, 엉덩이가 크고, 다리가 짧은 여자라는 존재를 아름답다고 말한다. 당연히 여자라는 족속은 속된 존재라고 불러야 한다. 여자들은 음악에 대해서도, 시에 대해서도, 조형 미술에 대해서도 아무런 참된 감정이나 이해력이 없다. 만일 그런 능력이 있는 것처럼 행동한다면 남자들의 마음을 끌려는 의도로 꾸민 가식일 뿐이다."(쇼펜하우어, 『쇼펜하우어 철학에세이』에서)

오늘날의 관점에서 보면 터무니없는 편견과 오해가 아닐 수 없다. 쇼펜하우어는 이탈리아를 여행할 때 다르시니아라는 여성과 사귄 적이 있지만, 결국 일생을 독신으로 살았다.

헤겔의 시대가 가고, 쇼펜하우어의 시대가 열리다 ————

1831년, 베를린에 콜레라가 유행했다. 쇼펜하우어는 멀리 프랑크푸르트까지 달아나, 그곳에서 방 두 개를 빌려 조그마한 삽살개 한 마리와 고독한 여생을 보냈다. 그의 서재에 있는 장식품이라고는 칸트의 상반신 초상화와 청동 불상 하나뿐이었다. 그는 칸트와 석가를 존경했는데, 특히 칸트를 흠모하여 아침에 일찍 일어나는 일만 제외하고는 모두 칸트를 본받았다고 한다.

헤겔도 콜레라를 피해 달아났지만 너무 일찍 베를린으로 돌아가는 바람에 병에 걸리고 말았다. 헤겔이 죽고 1848년의 시민 혁명(절대 왕정을 유지하고자 했던 빈 체제에 대해 격렬히 저항한 운동)이 실패로 돌아간 후, 낙관주의적인 헤겔 철학이 마침내 종언을 고했다. 그리고 염세주의적인 쇼펜하우어의 철학이 관심을 받기 시작했다. 드디어 헤겔 시대가 가고, 쇼펜하우어 시대가 찾아온 것이다. 이제 쇼펜하우어에게는 헤겔주의자들의 시기심도 더 이상 장애가 되지 않았다.

그런데 역설적으로 쇼펜하우어의 성공은 대표작 『의지와 표상으로서의 세계』가 아닌, 부록에 가까운 얇은 책 한 권에서 시작되었다. 책 제목도『부록과 보유』인데, 우리나라에서는『쇼펜하우어의 인생론』이라는 이름으로 출간되었다. 이 책의 성공으로 사람들은 그의 대표작을 찾아 읽게 되었고, 비로소 쇼펜하우어 철학이 하나의 사상으로 인정받게 된 것이다.

『의지와 표상으로서의 세계』: 1819년에 출판되었다. 쇼펜하우어는 이 책을 '세계라는 수수께끼의 진정한 해결책'이라고 호언장담했다.

또한, 쇼펜하우어 철학을 처음으로 받아들인 쪽은 대학이 아니라 여러 종류의 직업인이나 개인 연구가, 친구들이었다. 특히 예술 분야나 예술가에게 직접적으로 영향을 주었다. 예를 들어, 바그너의 초기 음악은 음산하고 우울한 쇼펜하우어의 염세주의에 흠뻑 젖어 있었다. 바그너는 가극『니벨룽겐의 반지』의 악보 한 벌에 헌사를 적어 쇼펜하우어에게 보냈다. 여러 나라의 학자들과 많은 사람들이 직접 쇼펜하우어를 방문하거나 글들을 보내왔다.

마침내 성공과 더불어 명성이 찾아들자, 그는 의기양양해 했다.

"나는 수많은 철학 교수들이 똘똘 뭉쳐 오랜 세월에 걸쳐 저항했음에도 불구하고, 드디어 해내고야 말았다!"

자기에 관해 쓴 글이라면 빠짐없이 찾아 읽던 이 노령의 철학자는 이제 자신의 생각을 말하거나 교우 관계에서 예전과는 딴판이 되었다. 다시 말해, 쉽게 어울리는 사람이 되었던 것이다. 그러나 그

토록 열망하던 명성과 경탄의 소리가 그를 감싸게 되었을 때는 죽음의 신이 문을 두드리고 있었다.

1860년 9월 21일, 쇼펜하우어는 보통의 날과 다름없이 냉수욕을 마친 뒤 식탁에 앉은 채, 심장마비로 일흔두 살에 생애를 마감했다. 그가 비교적 장수했던 원인 가운데 하나는 죽음에 대한 공포로 안전과 건강에 많은 신경을 쓴 덕분일 것이다. 죽음에 대한 두려움

프랑크푸르트 시립 묘지에 있는 쇼펜하우어의 무덤: 쇼펜하우어의 유언대로 묘비에는 그의 이름만 새겨져 있다.

은 죽는 순간까지도 그의 곁을 떠나지 않았다. 심지어 죽지 않은 상태로 땅에 묻힐 것을 두려워하여 그의 장례식은 죽은 지 며칠이 지난 다음에 치러졌다. 물론 그의 유언에 따른 것이었다. 그의 모든 재산은 유언에 따라 자선 단체에 기증되었고, 무덤 앞에 세워진 검은 대리석 묘비에는 외롭게 그의 이름만 새겨져 있다.

쇼펜하우어

독일의 철학자인 쇼펜하우어(1788년~1860년)는 관념론 입장을 유지하면서 염세주의를 주장했다. 쇼펜하우어에 따르면, 인간의 본질은 사유나 이성에 있는 것이 아니고, 의지에 있다. 우리의 판단은 논리적 사유 행위에 의해서가 아니라 의식되지 않은 심층부에서 순간적인 착상이나 결단의 형식으로 나타나며, 우리들의 신체적 행동 역시 의지의 작용에 불과하다. 이 의지는 마치 앞을 볼 수는 있으나 몸이 불구인 사람을 어깨에 짊어지고 가는, 힘센 장님과 비슷하다. 인간 행동의 실질적인 추진력은 의지이고, 이성은 다만 그 방향을 제시해 줄 뿐이다.

또한 생물계에서 가장 강렬한 의지의 표현은 생식 본능이다. 인간은 인식의 근거지인 뇌보다도 성性 충동의 본거지인 생식기로부터 더 강한 충동을 받고 있다. 이렇게 본다면, 사랑이란 종족 보존이라고 하는 자연의 유일한 목적을 달성하기 위한 하나의 속임수에 지나지 않는다. 남녀를 불가항력적으로 끌어당기는 것은 고상한 인격이 아니라 종족 본능으로 표출되는 삶의 의지이다.

인간의 의지는 무한한 데 비하여, 그 충족에는 많은 제약이 따르게 마련이다. 그리고 어떤 욕망이든지 채워지고 나면 즉시 새로운 욕망이 일어나고, 어떤 고통도 벗어났다 싶으면 곧바로 새로운 불행이 찾아든다. 그러므로 고통이야말로 삶의 본래 모습이며 쾌락이나 행복은 고통이 없어졌을 때 잠깐 찾아오는 소극적인 것, 즉 고통의 부재不在에 지나지 않는다. 그리하여 쇼펜하우어는 우리가 삶에 대한 의지를 가지고 있는 한 인생은 고통이요, 이 세계는 최악의 세계라고 하였다.

이러한 비극으로부터 벗어날 두 가지 방법이 있는데, 첫째는 심미적審美的 해탈이고 다른 하나는 윤리적 해탈이다. 특별히 쇼펜하우어는 두 번째 방법을 강조하며 우리에게 다음과 같이 명령했다. 더 이상 소망할 것이 없는 열반*의 경지에서 우리들 자신으로서 죽을 것! 세상 것들을 멀리하고 십자가를 질 것!

열반: 불교에서 사용하는 용어로, 온갖 고통과 번뇌를 초탈하여 마음의 평화를 누리는 상태를 열반이라고 한다. 쇼펜하우어는 바이마르에 있던 시기에 동양학의 권위자인 프리드리히 마이어로부터 인도 철학에 관해 어느 정도의 지식을 습득했다. 쇼펜하우어는 나중에 '베다 철학인 우파니샤드(인도 정통 철학의 근원으로서, 대우주의 본체인 브라만과 개인의 본질인 아트만이 일체라고 하는 사상)가 플라톤, 칸트와 함께 내 철학의 기초를 형성했다.'라고 밝혔다.

10

마르크스

전 세계 노동자여,
단결하라

마르크스는 1818년 5월 5일, 독일 라인 주 트리어 시에서 유대인 기독교 가정의 7남매 중 셋째로 태어났다. 트리어 시는 독일 남서부의 오래된 도시로 정치, 경제적으로 가장 발전한 곳이었다. 한때 프랑스 혁명군이 점령하여 진보적인 이념을 널리 퍼뜨려 놓은 곳이기도 했다.

변호사인 아버지는 칸트 철학의 신봉자로서 휴머니즘적이고 계몽주의적인 사상을 가지고 있었다. 어머니는 배움이 짧았지만 대식구의 생활을 잘 꾸려 나갔다. 아버지는 유대인이 받는 불이익을 피하기 위해 마르크스가 태어나기 직전 개신교로 개종했다. 마르크스 역시 여섯 살이 되던 해에 기독교 세례를 받았다.

마르크스주의를 싹틔우다

1830년, 열두 살에 마르크스는 트리어에 있는 프리드리히 빌헬름 김나지움에 입학해 라틴어, 그리스어, 역사, 철학 등을 배웠다. 그는 김나지움 졸업 에세이에서 계급 이론에 대한 마르크스주의 초기 씨앗 상태가 엿보이는 글을 썼다.

"우리는 우리가 원하는 자리를 반드시 얻지는 못한다. 왜냐하면 어떤 사회 안에서 우리의 위치는 이미 정해져 있기 때문이다."

또한, 인류를 향한 마르크스의 원대한 꿈을 발견할 수 있는 내용도 있다.

"우리는 초라하고 제한된, 이기적인 기쁨을 누리지는 않을 것이다. 우리의 행복은 수백만 명의 행복이 될 것이기 때문이다."

마르크스: 공산주의, 과학적 사회주의의 창시자이다. 하지만 프랑스, 프로이센, 벨기에에서 추방당하면서 국적을 포기하여 무국적자로 살았다.

마르크스는 아버지의 뜻에 따라 본 대학교의 법학부에 진학했다. 하지만 철학과 역사학에 더 관심이 많았다. 당시에는 학문에 열의가 있던 사람들은 대부분 철학에 관심을 가졌고, 특히 헤겔 사상이 절대적인 권위와 인기를 누리고 있었다.

한편, 어머니는 멀리 떨어져 지내는 아들의 건강을 염려해 세세하게 당부를 적어 편지를 보냈다.

"사랑하는 아들아, 청소를 사소하게 여겨서는 안 된다. 건강과 쾌적함은 청소에 의해 좌우된단다. 그러니 네 방 청소하는 것을 잊

학생 감옥: 1712년부터 1914년까지 독일의 대학은 치외법권 지역이었다. 대학생이 술에 취해 누구를 때리거나 치안 방해 등의 경범죄를 저질렀을 때, 대학은 경찰을 대신해 벌을 내렸다. 죄에 따라 1~30일간 학생 감옥에 가두었다. 처음 3일 동안은 물과 빵 외에 아무것도 먹을 수 없었다. 그럼에도 학생들은 감옥에 들어가는 것을 오히려 명예롭게 생각했다.

지 말고 잘 지키거라. 그리고 매주 수세미와 비누로 문질러 닦도록 해라."

어머니가 다 큰 대학생 아들에게 방을 깨끗이 청소하라고 편지를 보내는 네는 이유가 있었다. 마르크스가 정리 정돈과는 동떨어진 생활을 했기 때문이다.

마르크스는 그다지 모범적인 학생이 아니었다. 싸우다가 다치는가 하면, 술을 마시고 거리에서 큰 소리를 지르거나 노래를 불러 학생 감옥에 들어간 적도 있다. 금지된 무기를 가지고 있다가 고발당하기도 했으며, 돈을 흥청망청 써서 빚을 지기도 했다.

헤겔 철학에 관심을 쏟다

본 대학교에서 1년 동안 공부한 마르크스는 베를린 대학교 법학부로 옮겨 법학, 역사학, 철학을 공부했다. 특히 독일에서 막강한 영향력을 행사하던 헤겔 철학에 관심을 쏟았다. 청년 헤겔학파 로 알려진 바우어 , 쾨펜, 루텐베르크 등이 운영하고 있던 '박사 클럽'에도 참여했는데, 얼마 안 가 이 모임의 정신적 지도자가 되었다. 친구들은 밤낮없이 토론에 열중하는 마르크스를 '사상의 창고' 혹은 '이념의 황소대가리'라고 불렀다. 그는 베를린 대학교에서 두 학기 동안 학업을 계속했는데, 아버지가 기대한 모습과는 전혀 다른 생활을 했다. 결국 아버지는 마르크스에게 비난을 퍼부었다.

"학문의 모든 분야를 어정쩡하게 이리 기웃 저리 기웃하면서, 침침한 석유 등잔 아래서 애매모호한 야심을 품고 학자 차림으로 망나니짓을 하는 놈, 예의라고는 털끝만큼도 모르는 제멋대로인 녀석."

그런데 스물세 살이 되던 1841년, 마르크스는 한 시간도 출석한 적이 없는 예나 대학교에 「데모크리토스와 에피쿠로스의 자연 철학의 차이」라는 논문을 제출하여 박사 학위를 받았다. 이것이 가능했던 이유는 독일의 대학교에서는 수강 신청이라든가, 출석 체크가 없기 때문이다. 따라서 출석을 한 번도 하지 않아도 시험에만 합격하면 된다. 그것은 현재도 마찬가지다.

청년 헤겔학파: 헤겔이 죽은 뒤 약 10여 년 동안 일어난 헤겔주의의 과격파 집단이다. 자유와 이성을 제한하는 모든 것에 대해 부정적 태도를 취하며, 종교, 프로이센의 정치 체제에 대한 급진적인 비판을 했다.

바우어: 베를린과 본 대학교의 강사를 지낸 헤겔학파의 대표적인 논객(옳고 그름을 논하는 사람)으로, 대학 시절의 마르크스에게 큰 영향을 주었다. 그러나 점차 보수주의자가 되었다.

대학교수가 되겠다는 꿈을 안고 마르크스는 다시 본 대학교로 돌아갔다. 그러나 바우어가 대학에서 해직되는 것을 보고 그 꿈을 접었다. 헤겔 좌파들은 "프로이센 국가란 단지 역사 발전의 한 과정에 불과하다."라고 생각했다. 보수주의적인 프로이센 정부는 이러한 입장을 받아들일 수 없었다. 그들의 눈에는 마르크스 역시 혁명적 변혁을 주장하는 반反국가석 행위자에 불과했다. 그런 이유에서 청년 헤겔학파에게는 대학 강단에 서는 것은 물론 글을 발표할 기회도 주지 않았다. 이에 마르크스는 기독교 예술에 관한 저서 집필도 중단한 채, 『최근 프로이센의 검열 제도에 대한 견해』라는 글을 써서 정부를 비난했다.

교수직을 포기한 마르크스는 『라인 신문』의 편집장을 맡아 진보적인 논설을 싣기 시작했다. 특히 정치, 경제적인 문제에 대해 대담하고 자유로운 정신으로 신문을 편집했다. 이때의 마르크스는 공산주의를 단호히 거부했다. 그러나 반정부적인 내용이 가득한 글로 인해 1843년 3월 18일 편집장직에서 쫓겨났고, 신문마저 폐간되었다.

사랑을 노래하는 시인이 되다

석 달 뒤, 마르크스는 오랫동안 기다려 온 네 살 연상의 약혼녀 예니 폰 베스트팔렌과 서둘러 결혼했다. 둘은 어린 시절부터 이웃에 살았고, 가족끼리 친분이 깊었다. 마르크스와 예니는 평생 동안 아내, 동지, 친구 사이로 세계 역사상 가장 모범적이고 로맨틱한 관계를 유지했다. 마르크스의 아버지는 예니를 '천재적인 아이'라고 불렀고, 자기 아들과 아주 잘 어울리는 상대라고 생각했다. 한마디로 예니는 미모와 교양과 재능을 모두 지닌 소녀였다.

마르크스와 아내 예니: 이들은 일생 동안 많은 편지를 주고받으며 사랑을 굳건히 지켜 나갔다. 마르크스 부부는 딸 넷, 아들 둘을 낳았다.

마르크스의 김나지움 졸업을 축하하기 위한 모임이 예니의 집에서 열렸다. 이 자리에서 그녀는 곧 본으로 유학을 떠날 마르크스에게 먼저 고백했다. 예니의 부모님이 반대할 것을 걱정한 둘은 마르크스가 본에서 돌아와 베를린으로 떠나기 직전에 비밀리에 약혼을 했다. 그 후 약혼에서 결혼에 이르는 7년 동안 그들이 주고받은 편지는 세계 서간(편지) 문학사상 빼놓을 수 없는 열정적인 명문名文이었다.

마르크스에게 뮤즈(시와 음악의 신)의 신이 강림한 시기가 바로 이때였다. 그는 57편의 소네트(14행의 짧은 시로 이루어진 노래)와 발라드

(짧은 서사시나 서사적인 가곡. 또는 사랑을 주제로 한 감상적인 노래)를 썼고, 그것들은 아버지를 통해 그녀에게 전달되었다. 집안의 분위기 때문에 속을 태웠던 예니가 마르크스를 그리워하며 쓴 편지도 명문이었다. 이들은 결혼한 뒤에도 헤어져 있을 동안 많은 편지를 주고받았으며, 거기에는 반드시 사랑의 표현이 덧붙여져 있었다.

평생의 친구 엥겔스를 만나다

결혼을 하고 그해(1843년) 10월, 마르크스는 프랑스 파리로 떠나 1845년 2월까지 파리에서 지냈다. 가난과 불행으로 이어질 철학자의 망명 생활이 시작된 것이다. 이곳에서 마르크스는 시인 하이네(마르크스는 그를 '괴테 이후 최고의 독일 시인'으로서 평가하며, 자신의 책에 그의 시를 자주 인용했다.)를 알게 되었고, 프랑스 혁명 연구에 몰두했으며, 영국 부르주아 정치 경제학자들의 책들도 읽을 수 있었다. 다만 이 시기의 연구 결과물들을 완성시키지 못한 채 세 개의 초고로 남겨 놓았는데, 오늘날 『1844년의 경제학 - 철학 수고』라는 이름으로 전해져 오고 있다.

마르크스는 프랑스인 노동자 조직, 독일 망명자 노동자 조직과 직접 접촉하며 지도자들과 알게 되었고, 노동자 모임에도 참석

했다. 그리고 두 살 아래인 엥겔스(독일의 사회주의자, 혁명가, 공산주의적 국제 노동자 운동의 지도자)와의 운명적 교류가 시작되었다. 두 사람은 1842년 말 영국에서 한 번 만난 적이 있었지만, 그때는 서로 냉담했다. 그 후 1844년 8월, 엥겔스가 파리를 방문함으로써 두 사람의 역사적 만남이 시작되었다.

엥겔스는 방직 공장 사장의 아들로 태어났다. 열성적인 기독교 신자였던 그의 아버지는 엄격한 부르주아적 윤리와 정통적 신앙으로 자녀들을 키우려고 했다. 그러나 청년 엥겔스는 아버지의 뜻에 따르지 않았다. 김나지움도 그만두고 회계 사무실에서 일해야 했던 엥겔스는 쉬는 틈을 이용하여 역사와 철학, 문학 등을 공부했다. 스물두 살이 되던 해에 아버지의 회사를 경영하기 위해 영국으로 건너간 엥겔스는 공상적 사회주의*, 유럽에서 가장 진보적인 노동 운동인 차티스트 운동*을 접하게 되었다. 공통된 관심사를 확인한 마르크스와 엥겔스는 1844년 11월, 청년 헤겔학파를 매우 강하게 비판하는 『신성가족』을 펴냈다. 이 책을 쓰면서 마르크스는 17~18세기의 영국, 프랑스의 유물론자들을 자세히 연구할 수 있었다. 그는 파리에서 친구인 루게* 가족과 일종의 공산주의적인 공동체 생활을 시도했다. 하지만 마르크스의 융통성 없는 성격 때문에 얼마 못 가 갈라서고 말았다.

공상적 사회주의: 사유 재산 제도가 모든 모순이나 병폐의 원인이라 간주하고, 생산 수단을 공유하고 소비 생활을 공동화함으로써 이상 사회를 건설할 수 있다고 주장했다. 이후 엥겔스가 과학적 사회주의(마르크스주의)와 대비시켜 이런 이름을 붙였다. 이 말 속에는 사회주의가 현실과 동떨어져 매우 공상적이라는 비평이 들어 있다.

차티스트 운동: 1838년~1848년에 노동자층을 주축으로 하여 전개된 영국의 민중 운동이다. 노동자들은 경제적·사회적으로 쌓여 온 불만과 함께 선거권 획득을 위한 요구의 목소리를 높여 갔다. 1837년 초에는 '인민헌장'을 작성하여 전국에 배포했고, 이 헌장이 실현되도록 국민 청원 서명 운동과 그를 위한 전국 조직 결성을 확대했다.

루게: 독일의 사상가이자 저널리스트. 헤겔 좌파적 경향으로 인해 정부의 탄압을 받게 되자 파리로 망명했다. 이곳에서 1844년 마르크스와 공동으로 『독불연지獨佛年誌』를 발행했다. 그러나 얼마 가지 않아 마르크스와 헤어져 귀국했다.

추방당하고 무국적자가 되다

마르크스는 파리에서 오래 지낼 수 없었다. 프로이센 정부가 프

랑스에 압력을 넣어 그를 추방시켰기 때문이다. 마르크스는 1845
년 2월 벨기에 브뤼셀로 근거지를 옮겨, 열일곱 명의 회원으로 제1
차 세계 공산당을 창당했다. 그러자 프로이센 정부는 브뤼셀에서마
저 마르크스를 추방시키려 들었다. 마르크스는 프로이센이 자신을
고소하지 못하도록 1845년 12월, 프로이센 국적을 공식적으로 포
기해 버렸다. 그리고 이때부터 마르크스는 죽을 때가지 무국적자로
살았다.

　1848년 3월 1일, 브뤼셀에 머물던 마르크스는 프랑스 혁명의
임시 정부로부터 다시 파리로 돌아와도 좋다는 편지를 받았다. 이
틀 뒤에는 벨기에 정부로부터 '24시간 안에 떠나라!'는 추방 조치
를 통고받았다. 마르크스는 떠나기 전, 자기 집 거실에서 공산주의

자 동맹 중앙 위원회를 소집했다. 이 위원회에서는 "동맹의 근거지를 파리로 옮길 것이며, 그곳에서 새로운 중앙 위원회를 구성하는 문제는 전적으로 마르크스에게 위임한다."라는 결정이 내려졌다. 회의를 마치고 사람들이 떠난 직후 경찰이 들이닥쳤다. 24시간이 지났다는 이유로 마르크스는 경찰에 끌려갔다. 마르크스는 짐 하나 변변히 챙기지 못한 채 브뤼셀을 떠나야 했다.

마르크스는 파리에 잠시 머물다가 곧 혁명이 진행 중인 고국으로 돌아왔다. 하지만 프로이센 국적을 포기한 상태였기 때문에 프로이센 쾰른 시의 참사회에 거주권을 신청해야 했다. 이곳에서 마르크스는 혁명적 민주주의의 기관지 『신新라인 신문』의 편집 일을 맡아보았다. 이 신문을 통해 혁명의 경험을 직접 철학적으로 평가하여 대중에게 전달하려 한 것이다. 그러자 프로이센 정부는 다시 비열한 책략을 써 최후통첩을 보냈다.

"외국인 법을 위반한 마르크스는 24시간 이내에 프로이센을 떠나라!"

신문은 폐간되었고, 마르크스는 다시 프랑스로 돌아갔다. 그러나 프랑스에서도 6월 혁명은 실패했고, 승기를 잡은 프랑스 부르주아지는 마르크스를 추방하기로 결정했다.

그 후 프로이센에서 혁명이 일어나자 마르크스

6월 혁명: 프랑스 파리에서 1848년 6월 23일부터 26일에 걸쳐 발생한 노동자 중심의 민중 봉기. 이를 마르크스는 근대 사회를 양분하는 부르주아지와 프롤레타리아트 간의 최초의 전투라고 지적했다.

는 다시 고국으로 향했다. 그는 이때 『공산당 선언』을 통해 공산주의가 나아갈 대략적인 방향을 제시했다. "전 세계 노동자여, 단결하라!"는 표어는 이 책의 마지막 구절에 해당한다. 그러나 이 구절이 문제가 되어, 얼마 후 다시 추방당하는 신세가 되었다. 그는 마지막 종착지인 런던으로 떠나 이곳에서 여생을 보냈다.

런던에 온 마르크스는 새로운 기관지의 발행에 온 힘을 쏟았다. 그는 1848년의 유럽 혁명을 과학적으로 해석하고 혁명 이론을 계속 발전시켜 나가기 위해서는 잡지 형태로라도 기관지를 발간하는 것이 중요하다고 생각한 것이다.

『공산당 선언』: 1848년, 마르크스와 엥겔스가 함께 쓴 책이다. 공산주의자의 정치 투쟁의 기본 원칙에 대해 썼으며, 과학적 사회주의의 근본 사상을 밝히고 있다.

지독한 가난에 짓눌리다

마르크스는 지독한 가난에 시달렸다. 잡지 창간은 실패했고, 가족들은 늘어 가는데 경제적 궁핍이 그의 목을 짓눌렀다. 가구를 차압당하는가 하면 옷이 전당포에 잡혀 있어서 외출조차 할 수 없었다. 게다가 끊일 새 없이 가족들이 아팠다. 아이들 가운데 몇몇 아이만이 태어난 첫해를 겨우 넘길 수 있었다. 부인 예니는 절망에 빠졌다. 마르크스는 마침내 파산 선고를 하려는 마음까지 먹었다.

그런데 평생의 벗이었던 엥겔스가 이 최악의 사태를 막아 주었다. 엥겔스의 경제적, 정신적 후원이 없었다면 마르크스의 삶은 일찌감치 비극적으로 끝났을지 모른다. 마르크스는 엥겔스에게 보낸 한 편지에서 집세를 내지 못해 오히려 집주인이 쫓아내 주기를 바랐고, 제대로 끼니를 이을 수도 없으며 딸과 하인의 약값조차 내지 못한다고 슬퍼했다.

노동 해방과 인간 해방의 심장이 멈추다 ━━━━━

말년의 마르크스는 대부분의 시간을 휴양지에서 보내면서, 알제리로 여행을 떠나기도 했다. 1881년 여름에는 간암 진단을 받은 아내 예니를 데리고 맏딸 부부가 있는 프랑스로 떠났다. 그런데 막내딸 엘레노어가 위독하다는 연락을 받고 다시 런던으로 돌아왔다. 딸의 건강이 호전되어 아내에게 돌아온 마르크스는 이제 자신도 앓아눕는 신세가 되었다. 부부가 모두 병에 시달리다가 마르크스가 기력을 되찾았다. 아내를 돌볼 수 있게 되었지만 예니는 1881년 12월 2일 세상을 떠나고 말았다.

아내의 장례를 마치고 다시 런던으로 돌아온 마르크스는 『자본

론』2권과 3권을 완성하는 데 온 힘을 기울였다. 1865년부터 집필

하기 시작한 『자본론』의 1권은 이미 출판을 한 상태였다. 자본주의

의 전체 윤곽을 밝힘과 동시에 자신의 유물론 사상을 집대성한 『자

본론』의 2권과 3권은 그의 생전에 빛을 보지 못했다. 그리고 결국

그가 세상을 떠난 후, 엥겔스에 의해 출판되었다.

　엎친 데 덮친 격으로 1883년 1월, 큰딸마저 병으로 죽고 말았

다. 아내에 이어 딸마저 갑작스럽게 죽자, 마르크스는 엄청난 충격

을 받았다. 그 모든 어려운 여건 속에서도 그가 책을 계속 쓸 수 있

었던 것은 '인간 해방'이라는 신념과 엥겔스, 아내, 딸, 충직한 하인의 헌신적인 뒷바라지가 있었기 때문이다. 그런데 모두가 곁을 떠나자, 그의 건강은 눈에 띄게 나빠졌다. 기관지염은 더욱 악화되어 후두염으로 발전했고, 2월에는 폐렴 진단을 받았다. 결국 마르크스는 1883년 3월 14일, 망명지 런던에서 유언도 없이 폐종양으로 숨을 거두었다. 노동 해방과 인간 해방의 한 심장이 멈춘 것이다.

마르크스의 죽음은 거의 주목을 받지 못했다. 런던 하이게이트 공동묘지에서 치러진 장례식에는 겨우 11명의 조문객이 참석했을 뿐이다. 추도사는 평생의 동지 엥겔스가 낭독했다.

"반대자는 많았으나, 개인적인 적은 한 사람도 없었다. 그의 이름은 수백 년이 지나도 살아 있을 것이며, 그의 저작도 그럴 것이다."

엥겔스의 추도사를 우리는 어떤 의미로든, 지금 현실로 경험하고 있다. 그의 흉상은 부릅뜬 눈에 조금은 겁먹은 듯하기도 하고 순박해 보이기도 하는 모습으로 서 있다. 마르크스만큼 우리에게 여러 가지 모습으로 다가온 인물도 없을 것이다. 급진적 혁명가에서 공산주의의 창시자, 급기야는 사라지는 몽상가에 이르기까지 그에 대한 평가는 다양하다. 무엇보다도 멋있는 수염을 연상시키는 외모와 인간성에 대해 러시아의 친구 중 한 사람은 이렇게 묘사했다.

"숱이 많은 검은 머리카락, 털로 뒤덮인 손, 단추가 잘못 채워진 웃옷 등 그의 외모와 행동은 아주 이상하게 보이기는 했다. 하지만 그런 대로 존경할 만한 남자의 풍모를 가졌다. 그의 행동은 부드러우면서도 과감했으며, 또 자신에 차 있었다. 그의 태도는 모든 예절과 너무나 상반된 것이어서 거만하게 보였고, 때로는 약간의 경멸감마저 띠고 있었다. 그는 어떠한 반대도 용납하지 않겠다는 분위기의 명령조로만 말했다. …… 내 앞에는 한 민주주의 독재자의 화신이 서 있었다."

마르크스

독일의 정치학자이자 경제학자인 마르크스(1818년
~1883년)는 공산주의, 과학적 사회주의의 창시자이
다. 흔히들 마르크스 철학의 세 가지 이론적 원천
을 이렇게 말한다.

철학적으로는 헤겔의 변증법적 사상과 포이어
바흐의 유물론을 결합하여 변증법적 유물론을 만들어
냈고, 경제학적으로는 영국 고전 경제학으로부터 노동 가치설과 잉여 가치설
사상을 배웠으며, 정치학적으로는 프랑스의 공상적 사회주의자들로부터 무
계급 사회라는 이상을 받아들였다.

유물론자로서의 마르크스는 인류의 역사를 생산력과 생산관계를 중심으
로 한 변증법적 상호 작용에 의해 결정되어 온 것으로 파악했다. 원시 공동
사회로부터 고대 노예 경제, 중세 봉건 사회, 근세 자본주의 사회로의 이행은
모두 생산력(원료나 도구, 기계, 노동자의 숙련도, 노동 경험 등)의 변화에 따른 필연적
인 생산관계(인간 상호간의 관계)를 변화시켜 왔다고 주장하는 것이다.

영국에서부터 나타나기 시작한 자본주의 체제의 사회악들을 목격한 마
르크스는 오직 자본주의 사회의 붕괴로부터만 인간 해방이 가능하다고 확신
했으며, 이러한 그의 사상은 결국 혁명 이론으로 표출되었다. 현재에 이르기

까지의 인류 역사가 그러했듯이, 앞으로 자본주의를 넘어 사회주의로, 그리고 이상적 사회인 공산주의로 이행해 나가는 것은 (과학적으로 입증될 수밖에 없는) 역사적 필연이다. 다만 그 시기를 앞당기기 위해 무산 계급(프롤레타리아)에 의한 혁명이 필요할 뿐이라고 주장했다.

이러한 마르크스의 주장은 오늘날 전개되고 있는 세계사적 과정과는 동떨어진 감이 있다. 하지만 사회 현실에 대한 비판 의식을 높임으로써, 어느 시대에나 있기 마련인 모순과 부조리에 끊임없이 대항해 나갈 것을 강조한 정신만은 의미가 있다고 하겠다.

MARX

11

니체

신은 죽었다

니체는 독일 작센 주(독일의 동쪽에 있으며 체코, 폴란드와 국경을 맞대고 있다.)의 작은 마을 뢰켄에서 개신교 목사의 외아들로 태어났다. 아버지는 프리드리히 빌헬름 4세(프로이센의 국왕)의 세 공주를 가르치는 가정 교사였는데, 왕의 특별한 주선으로 뢰켄의 목사가 되었다. 아들이 왕의 생일 축제일에 태어난 것을 기뻐한 아버지는 이름을 '프리드리히 빌헬름'으로 지었다.

　아버지는 밤늦게 귀가하다가 현관 앞 층계에서 넘어져 뇌진탕으로 세상을 떠났다. 스물다섯 살의 젊은 아내와 세 자녀를 남겨 둔 채였다. 8개월 후 두 살 난 남동생 요세프마저 죽자, 어머니는 니체와 딸을 데리고 외가로 갔다. 다섯 살이었던 니체는 외할머니, 어머니, 노처녀 이모 두 명, 여동생 사이에서 자랐다. 그들은 니체를 무척 귀여워했다. 그러나 환경의 영향인지 니체는 여성적이고 섬세하며 감수성이 예민한 아이로 자랐다.

기독교에 반감을 가진 꼬마 목사

　어린 시절의 니체는 기억력이 매우 뛰어났다. 성경 구절과 찬송가를 기가 막히게 암송해 '꼬마 목사'라는 별명이 붙을 정도였다. 어려서부터 피아노를 배워 즉흥 연주를 하는가 하면, 여덟 살 때 작곡을 하는 등 음악에 남다른 재주를 보였다. 열네 살 때에는 자서전을 쓸 준비를 했다. 명문 고등학교에 들어가서도 특출한 학생으로 손꼽혔다. 음악과 독일어 작문에서 월등한 재능을 보였고, 수학과 철자법이 다소 부진했을 뿐이다.

　아버지가 목사이고, 어머니도 목사 집안의 딸인데도 니체는 "기

니체: 이제까지의 모든 가치 기준이었던 신에 대해 죽음을 선고하고 새로운 개념으로서 초인 사상을 말했다.

독교 도덕은 삶에 대한 범죄이며, 인류를 망쳐 버린 것"이라고 비난했다. 집안의 가장이 없는 상태에서 여자들의 기대를 한 몸에 받고 자란 심적 부담감이 너무 컸다는 데서 그 이유를 찾는 사람도 있다. 기대에 부응하지 못하는 데서 오는 상실감이 분노로 변했을 수도 있다는 것이다.

또 니체가 사춘기 무렵에 쓴 시에서 그 이유가 짐작되기도 한다. 이 시에는 슬픔과 곤란에 빠진 한 남자가 십자가에 못 박힌 예수에게 절실하게 도움을 청했지만, 끝내 십자가에서 내려오지 않았다는 내용이 있다. 기독교에 대한 반감은 이때부터 마음속에 자리 잡았을 가능성이 크다.

쇼펜하우어에 빠져들다

고등학생 시절 니체는 학교의 딱딱한 분위기와 낡은 도덕을 비웃으며 반항아적인 기질을 보이기 시작했다. 학생들을 감독하고 보고서를 내야 했는데, 다소 장난기가 섞인 익살스러운 내용으로 기록해 제출했다. 이 일로 그는 종교 재판에 회부되었고, 벌칙으로 3

시간의 감금과 몇 차례의 외출 금지를 당했다.

니체는 본 대학교에 입학한 직후부터 대학생 사교 클럽에 들어가 극장을 출입하고, 담배, 술, 여자에 빠져들었다. 그러나 얼마 지나지 않아 그것도 싫증을 느끼고 탈퇴했다.

니체는 어머니의 소원대로 목사가 되기 위해 신학과에 등록했다. 하지만 성적은 신통치 않았고, 기독교에 대한 회의감에 빠져 있었다. 때마침 리츨(독일의 개신교 신학자이자 자유주의 신학의 거두) 교수의 권유를 받고 결국 신학을 버리고 만다. 이듬해 리츨 교수를 따라 라이프치히 대학교로 간 니체는 본 대학교에서의 실패를 만회하겠다

나를 위해
이 책을
쓰신 거야!

쇼펜하우어   의지와 표상
으로서의 세계

는 자세로 문헌학 연구에 정열을 쏟는다.

그러던 어느 날, 헌책방에서 쇼펜하우어의 『의지와 표상으로서의 세계』를 구입했다. 그는 꼬박 2주일에 걸쳐 탐독한 후 이렇게 말했다.

"쇼펜하우어는 꼭 나를 위해서 이 책을 써 놓은 것 같다."

이 일은 니체가 철학과 관계를 맺는 데 결정적인 계기가 되었다. 그때부터 쇼펜하우어 철학에 빠져든 니체는 친구들과 여동생에게까지 그에 대해 공부하도록 설득했다.

박사 학위 없이 교수가 되다

니체는 스물세 살 되던 해에 군대에 징집되었다. 그는 포병대에서 1년 동안 근무하다가 말에서 떨어져 가슴에 타박상을 입고 제대했다. 이 사건은 한평생 그를 괴롭히는 원인이 되었다.

복학하여 대학을 졸업한 니체는 리츨 교수의 추천으로 박사 학위도 없이, 스위스 바젤 대학교의 문헌학 교수로 초빙되었다. 리츨 교수는 추천서에 이렇게 썼다.

"나는 벌써 39년이란 세월 동안 젊고 유능한 젊은이들이 내 앞에서 성장하는 것을 지켜보았다. 그러나 니체처럼 이렇게 젊은 나이에, 이렇게 빨리 성숙한 청년을 일찍이 본 일이 없다. …… 니체는 천재다. 그는 하고자 하는 일을 무엇이든 이룰 수 있을 것이다.”

스물다섯 살 되던 해에 니체는 독일의 라이프치히 대학교에서 철학 박사 학위를 받았다. 라이프치히 대학교 교수회는 “그는 이미 교수이므로, 우리들이 동료를 테스트할 수는 없다.”라는 결의를 발표했다. 다만 2년 전에 써 놓은 「디오게네스 레어티루스」 논문을 학위 수여의 근거로 삼는다는 전제가 붙기는 했다.

니체는 바젤 대학교에서 대학이라는 울타리에 구애받지 않고, 자유자재로 강의 활동을 했다. 1870년 보불 전쟁(프로이센과 프랑스 사이에 일어난 전쟁으로, 프로이센이 이겨 독일이 통일되었다.)이 일어나자 니체는 위생병으로 지원해 전쟁터에 나갔다. 그러나 이질과 디프테리아에 걸려 건강이 크게 나빠졌다. 이때 약을 잘못 쓴 탓에 극심한 신경 쇠약과 위장병으로 평생 병마와 싸워야 했다. 평소에도 니체는 편두통, 치질, 가슴앓이, 류머티즘, 지독한 근시 등의 각종 질병에

『비극의 탄생』: 1872년에 발간된 니체의 첫 책이다. 그리스 비극은 조형 예술의 원리인 아폴론적인 것과 음악의 원리인 디오니소스적인 것의 결합으로 성립되고, 그리스인은 이에 의해서 염세주의로부터 구원을 받았다. 따라서 오늘날과 같은 지성주의 시대에 디오니소스적 정신과 비극이 다시 생겨나지 않으면 안 된다고 주장하고 있다.

시달렸는데, 항상 소화제와 수면제를 복용할 수밖에 없었다.

스물일곱 살에 병으로 휴가를 낸 그는 병석에서 6주일 만에 『비극의 탄생』*을 써서 출판했다. 기독교를 비방한 이 책은 음악가 바그너와 몇몇 친구들로부터는 찬사를 받았다. 그러나 학계와 학생들로부터는 반감을 샀고 외면당했다. 그 영향으로 다음 해 겨울 학기 강의에는 단 한 사람의 청강자만 있었다. 얼마 후 학생들이 되돌아오긴 했지만, 그 전에 가졌던 니체의 명성을 회복할 수는 없었다.

바그너를 숭배하다

니체는 음악을 사랑했다. "음악이 없었다면, 나에게 인생은 전혀 무의미했을지도 모른다."라고 말할 정도였다. 특히 십 대 시절부터 바그너*의 곡을 직접 피아노로 연주했다. 바젤 대학교 교수로 임용되면서 니체는 서른한 살이나 차이가 나는 바그너와 개인적으로 깊이 교류했다. 바그너의 집 근처에 살던 니체는 매일 그의 집에 놀러 가 살다시피 했다. 아버지 없이 자란 니체는 바그너 부부에게서 부모와 같은 정을 느꼈던 것 같다. 이때부터 니체는 열렬한 바그너 숭배자가 되었다. 자신의 첫 책인『비극의 탄생』을 바그너에게 바치기도 했다.

그러나 4년이 지나면서부터 바그너와의 관계가 무너지기 시작했다. 1876년 바그너는 25년 동안 심혈을 기울여 온〈니벨룽겐의 반지〉를 완성했다. 이 작품은 유럽 전체를 떠들썩하게 만들었다. 그런데〈니벨룽겐의 반지〉4부작의 초연을 보고 난 니체는 그에 대한 의심이 들기 시작했다. 1882년 바그너의 유작(죽은 사람이 생전에 남긴 작품)〈파르지팔〉의 초연을 보고 나서는 "바그너가 기독교에 굴복했다."라고 비판하며 완전한 결별을

바그너: 독일의 가극 작곡가이자 지휘자로 오페라, 작품 평론 등 많은 작품을 남겼다. 1876년에 자신의 오페라를 상연할 바이로이트 원형 극장을 직접 설계하여〈니벨룽겐의 반지〉를 상연했다.

선언했다. 니체는 바그너가 기독교적 예술을 추구하고, 개인적으로는 군주에게 충성을 다하는 권력의 시녀로 전락해 버렸다고 생각한 것이다. 니체는 이때의 심정을 "아, 너도 십자가 앞에 무릎을 꿇는구나. 너마저⋯⋯. 아, 정복당한 자여!"라고 읊었다. 바그너는 니체가 적나라하게 비판하는 내용의 편지를 보내오자 그것을 잡지에 공개해 버렸다. 이 일로 타격을 받은 니체는 바그너를 마음속에서 아예 지워 버렸다. 어쩌다 마주치는 일이 있어도 말 한마디 건네지 않고 외면했다.

친구에게 사랑을 빼앗기다

니체는 여성에게 비정상적일 정도로 수줍음을 탔다. 한번은 먼 발치에서 본 여배우에게 푹 빠져, 그녀를 위해 작사 작곡한 노래를 집으로 보낸 적이 있다. 하지만 그녀에게서는 답장이 오지 않았다. 바그너의 부인 코시마를 연모하여 나중에 자기 작품 속에 등장시키기도 했다. 스위스에 머물 때에는 머릿속에 떠오르는 젊은 여자들에게 모두 초청장을 보냈다. 하지만 아무런 응답이 없었다.

그러다 서른여덟 살 때 스물 한 살의 루 살로메에게 완전히 사로잡히고 만다. 그녀는 젊고 총명한 데다 매력적이었으며 니체를 숭배하고 있었다. 니체는 그녀를 처음 만났을 때 "어떤 운명적인 힘이 우리를 서로 만나게 했나요?"라고 말했다. 그녀를 자신의 유일한 제자라고 생각한 니체는 맘속 깊숙이 감추어 둔 비밀스런 이야기까지 다 털어놓았다. 하지만 직접 사랑을 고백할 용기가 나지 않아 친구를 전령으로 보냈다. 그런데 루 살로메에게 반해 있던 친구가 그녀에게 청혼을 해 버렸다. 이런 일을 꿈에도 모른 채 니체는 친구가 전하는 거절의 대답을 그대로 믿었어야 했다. 니체는 이때를 '내 생애 가운데 가장 나쁜 겨울'이라고 기록했다.

루 살로메: 독일의 작가이자 정신 분석학자이다. 니체, 릴케, 프로이트 등 당대 유럽 최고의 지성인들에게 창조적 영감을 불어넣어 주었던 여인으로 알려져 있다. 많은 소설과 수필 작품을 남겼으며, 대표적인 작품으로 『릴케』, 『프로이트에 대한 나의 감사』 등이 있다.

예전에도 니체는 우연히 알게 된 네덜란드의 여성 음악가에게 너무 성급하게 구혼을 했다가 거절당한 적이 있었다. 마음에 상처를 입은 니체는 알프스 산중으로, 지중해 해안으로 떠돌아다녔다.

몸의 병 역시 극도로 악화되어 마침내 죽음을 각오해야 할 상황에까지 이르렀다. 심지어 동생에게 유언을 남길 정도였다.

"약속해라! 내가 죽거든, 내 관 옆에는 친구들만 서게 하고 쓸데없는 조문객을 거절한다고. 목사나 누구를 막론하고 말하지 못하는 내 시체 옆에서 거짓말을 못하게 하고, 나를 정직한 이교도(기독교 이외의 종교를 믿는 사람)로서 무덤에 들어가게 한다고."

그러나 건강이 회복되어 니체의 앞서 간 유언은 물론이고 장례식도 무기한 연기되어야 했다.

병상에서 수많은 책을 쓰다

서른다섯 살 때인 1879년, 니체는 교수직을 사임했다. 여러 가지 이유가 있었는데, 먼저 견디기 힘든 두통과 눈의 통증, 우울 증세를 들 수 있다. 다음으로 사람들과 교제하는 데 따르는 어려움, 대학교수의 의미에 대한 회의감이었다. 마지막으로 "바보 같은 학생들을 상대하고 있다가는 이쪽까지 바보가 되고, 재능 없는 다른

Also
sprach Zarathustra.

Ein Buch
für
Alle und Keinen.
Von
Friedrich Nietzsche.

Chemnitz 1883.
Verlag von Ernst Schmeitzner.

『차라투스트라는 이렇게 말했다』: 4부로 구성된 니체의 철학적 산문시로 1883년~1885년에 간행되었다. 차라투스트라가 "신은 죽었다."라고 선언하고, 산을 내려와 여행하면서 가르침을 전하는 모습을 뛰어난 문장으로 기술했다. 이 작품에는 니체의 중심 사상인 힘(권력)에의 의지, 초인, 영겁 회귀 등이 비유와 상징 및 시적인 문장으로 전개되어 있다. 기존의 기독교적 질서를 파괴하고 현대인의 당면 문제를 예언한 이 책은 후대의 철학자, 시인, 작가들에게 커다란 영향을 끼쳤다.

교수를 상대하고 있다가는 이쪽의 재능까지 더럽혀진다."라는 것이 가장 큰 이유였다.

이후 10년간 유럽을 떠돌아다니며 책을 쓰는 데 전념했다. 니체는 불과 10여 일 만에 『차라투스트라는 이렇게 말했다』의 1, 2, 3부를 차례로 완성했다. 하지만 1년 동안 겨우 60부가 팔려 나갔을 뿐이다. 그나마 4부는 출판사를 구하지 못해, 자신의 경비로 책을 내야 했다. 그는 40부를 인쇄하여 일곱 명의 친구들에게 증정했다.

니체는 사람들로부터 자신의 천재성을 인정받지 못한다고 생각해 외로워했고, 책을 들여다보며 몇 시간씩 울기도 했다.

마흔네 살 되던 해(1888년)에 이탈리아의 토리노로 이사했는데, 그때부터 정신 착란 증세를 보이기 시작했다. 병세가 심해지는 가운데에서도 『우상들의 황혼』, 『이 사람을 보라』 등과 같은 마지막 저작을 써냈다. 어떤 해설가들은 이 책들을 '정신병자의 넋두리'일 뿐이라고 혹평하기도 했다. 보통 사람들이 이해하기 힘든 경구로 차 있다는 이유에서였다. 자유로운 정신의 반란이 숨어 있는 그의 글에 그 누구도 동조해 주지 않았던 것이다.

모든 가치를 뒤집기 위해 여러 해 동안 벌여 온 고독한 투쟁은 니체의 체력뿐만 아니라 정신력까지 탕진하게 했다. 급기야 시력마저 거의 잃고 말았다.

사상을 왜곡당하다

마흔다섯 살 때(1889년)에 몸이 급속히 쇠약해진 니체는 이탈리아 토리노의 길거리에서 발작을 일으키고 쓰러졌다. 그는 마부로부터 학대받는 말을 끌어안으며 흐느껴 울었다. 혼란스러운 이야기로 횡설수설하는 그를 사람들이 집으로 옮겼다. 이틀 만에 깨어난 그는 정신 착란에 빠졌고, 예나 대학 병원에서 진행성 마비증이라는 진단을 받았다. 이 사실을 들은 기독교인들은 그가 날벼락을 맞은 것이라고들 했다. 평생을 불우하게 보낸 니체의 이름이 세상에 알려지기 시작한 것은 그가 쓰러진 후부터였다. 그 후로 그는 계속하여 악기를 치면서 노래를 하고, 거리를 돌아다녔다. 이 와중에 간혹 "나는 신이다. 다만 변장하고 있을 뿐이다."라고 외치기도 했다.

어머니의 헌신적인 간호와 여동생의 보살핌 속에서 12년을 혼수상태에서 헤매던 니체는 1900년 심장 쇠약으로 세상을 떠났다. 장례식에는 그의 희망에 따라 친구 몇 사람이 참석해 고별사를 낭독했다.

　니체가 죽은 뒤, 방대한 양의 유고와 편지는 누이동생 부부의 손에 넘어갔다. 그녀는 재빨리 '니체 문헌 보관소'를 만든 뒤, 니체의 글을 체계적으로 모아 출판했다. 그러나 누이동생은 그 내용을 의도적으로 생략하거나 과장함으로써 니체의 사상을 왜곡시켰다. 누이동생은 니체의 '초인' 사상을 나치의 인종 차별주의, 엘리트에 의한 독재를 정당화해 주는 이론과 기묘하게 섞어 버렸다. 니체의 유고 가운데 반反유대주의로 연결될 수 있는 내용을 짜깁기하여, 나치 독일에 매우 만족스러운 사상적 명분을 제공한 것이다. 그 때문에 니체의 책은 오랫동안 반反유대주의자들과 파시스트들에 의해 악용되었다.

　니체는 철학자로 명성을 얻었지만, 정작 그로 인해 부귀영화를 누린 것은 누이동생이었다. 정작 니체는 바그너의 신봉자이자 지독한 반유대주의자인 매부를 매우 싫어했다. 니체가 살아 있었다면 자신의 사상을 나치스가 빼앗아 간 일을 절대 용서하지 않았을 것이다.

니체

독일 실존 철학의 선구자인 니체(1844년~1900년)는 기독교와의 대결을 통해 모든 기존 가치에 대한 거부를 선언했다. 니체에 따르면, 천박하고 병들고 약한 자만을 위하는 기독교 도덕은 노예 도덕으로서 마땅히 파기되어야 한다. 대신에 이제부터는 고귀하고 건강하며 힘센 자들을 위한 군주 도덕이 세워져야 한다. 그리하여 니체는 이제까지의 모든 가치 기준이었던 신에 대해 그 죽음을 선고하고("신은 죽었다!"), 새로운 개념으로서의 초인 사상을 들고 나왔다.

초인이란 첫째, 대지大地의 의미이다. 이 땅에 충실하되, 하늘나라의 희망을 말하는 자들을 불신하는 자들이다.

둘째, 초인은 '신의 죽음을 확신하는 자*'이다. 그는 이 땅과 삶 자체를 위해 스스로를 바치면서 이에 순응하는 자이다. 삶에서 가장 위대한 단어는 '운명에 대한 사랑', 즉 운명애運命愛이다. 인간은 자신의 삶을 그저 견뎌 내는 것이 아니라 사랑해야 한다. 그리하여 니체는 "바로 이것이, 이것이 삶이었던가? 그렇다, 그렇고말고!"라고 외친다.

셋째, 운명애는 영겁 회귀永劫回歸의 사상으로부터 유래한다. 그러므로 초인이란 영겁 회귀의 사상마저 깨달을 수 있는 자이다. 존재의 수레바퀴는 영원한 윤회를 거듭한다. 그럼에도 불구하고 '모든 것은 이미 여러 차례 되풀이해서 성취되었다.'라는 사실을 깨닫는 자가 바로 초인이다.

니체는 유럽에 허무주의가 다가올 것을 예견했다. 그러나 그 허무주의를 '동일한 것이 계속하여 다시 돌아오는' 영겁 회귀의 사상으로 붙잡으려 했다. 그리하여 선악을 초월한 입장, 즉 선악의 피안에서 도리어 현실 긍정적이고 적극적인 삶을 강조하고 나섰던 것이다. 이러한 맥락에서 그는 새로운 가치 체계를 세우려 했다. 이 때문에 그는 전통적인 가치와 도덕을 파괴하지 않으면 안 되었다. 그러므로 첫째, 니체는 파괴자, 반대자로 나타났다. 기독교적인 것과 노예 도덕을 반대하고, 민주화 운동을 비웃었다. 둘째, 그는 줄기차게 독일 정신을 비판했다. 관념론적인 성격, 불확실하고도 축축한 것, 그저 은폐되어 있는 것을 심오하다고 느끼는 그런 종류의 독일인들을 경멸했다.

한편, 위대한 시인으로도 꼽힐 만한 니체는 인간 심리에 대한 천재적 통찰력을 지닌 심리학자이기도 했다. 그는 강한 민족으로서의 독일인을 사랑했다. 그리하여 영웅적·미적인 그리스 정신이 독일인들의 이상이 되어야 한다고 주장하기도 했다.

'신의 죽음을 확신하는 자': 니체가 초인의 조건으로 내세운 이 표현은 "신은 죽었다!"라는 그의 말에서 연유한다. 니체와 기독교인 사이를 갈라놓은 용어가 바로 이것인데, 이 유명한 말은 니체를 매우 비윤리적인 철학자로 만들어 버렸다. 하지만 그가 말하려고 한 것은 기존의 사회적 규범에 휘둘리지 말고 자신의 삶을 긍정하면서 주어진 운명을 꿋꿋하게 헤쳐 나가라는 것이었다. 그가 생명과 삶을 적극적으로 긍정한 생(生)철학자로 평가받는 이유이다.

참고문헌

강성률, 『2500년간의 고독과 자유』, 형설출판사, 2005

강성률, 『위대한 철학자들은 철학적으로 살았을까』, 평단문화사, 2011

강성률, 『철학 스캔들』, 평단문화사, 2010

강성률, 『철학의 세계』, 형설출판사, 2006

강성률, 『청소년을 위한 서양철학사』, 평단문화사, 2008

강성률, 『한 권으로 읽는 서양철학사 산책』, 평단문화사, 2009

강영계 편저, 『철학의 흐름』, 제일출판사, 1976

강영계, 『철학의 이해』, 박영사, 1994

군나르 시르베크·닐스 길리에, 윤형식 옮김, 『서양철학사 1, 2』, 이학사, 2016

김두헌, 『서양윤리학사』, 박영사, 1988

김용정, 『칸트철학 연구』, 유림사, 1983

박해용, 『청소년을 위한 서양철학사』, 두리미디어, 2004

버트런드 러셀, 서상복 옮김, 『서양철학사』, 을유문화사, 2009

빌헬름 바이셰델, 이기상·이말숙 옮김, 『철학의 뒤안길』, 서광사, 1990

서용순, 『청소년을 위한 서양철학사』, 두리미디어, 2006

소비에트 과학 아카데미 철학연구소 편, 이을호 옮김, 『세계철학사』, 중원문화, 2008

쇼펜하우어, 김욱 옮김, 『쇼펜하우어 철학에세이』, 지훈, 2005

스털링 P.램프레히트, 김문수 옮김, 『즐거운 서양철학사』, 동서문화사, 2017

아리스토파테스, 천병희 옮김, 『아리스토파네스 희극 전집1, 2권』, 숲, 2010

안광복, 『처음 읽는 서양철학사』, 어크로스, 2017

안광복, 『청소년을 위한 철학자 이야기』, 신원문화사, 2002

안병욱, 『사색인의 향연』, 삼중당, 1984

영남철학회, 『위대한 철학자들』, 미문출판사, 1984

요한네스 힐쉬베르거, 강성위 옮김, 『서양철학사 상 고대와 중세』, 이문출판사, 2015

요한네스 힐쉬베르거, 강성위 옮김, 『서양철학사 하 근세와 현대』, 이문출판사, 2015

요한네스 힐쉬베르거, 강성위 옮김, 『세계철학사』Geschichte der Philosophy, 이문출판사, 1987

이사도르 파인스타 스톤, 편상범·손병석 옮김, 『소크라테스의 비밀』, 간디서원, 2006

이일영, 『예술혼을 위하여-아리스토텔레스의 책을 찾아라』, 브레이크 뉴스 칼럼, 2017

존 캐리, 김기협 옮김, 『역사의 원전』, 바다출판사, 2007

지미 웨일스, 『위키 백과, 우리 모두의 백과사전』, 위키위키웹, 2002

철학교재편찬회 편, 『철학』, 형설출판사, 1991

폴 존슨, 윤철희 옮김, 『지식인의 두 얼굴』, 을유문화사, 2005

프레더릭 코플스톤, 『철학의 역사』A History of Philosophy, The Newmann Press Westminster, Maryland, 1960

프레더릭 코플스톤, 김성호 옮김, 『합리론: 데카르트에서 라이프니츠까지』, 서광사, 1998

프레더릭 코플스톤, 박영도 옮김, 『중세철학사』, 서광사, 1988

플라톤, 박종현 옮김, 『국가』, 서광사, 2005

하영석 외 공저, 『칸트철학과 현대사상』, 형설출판사, 1984

한단석, 『서양 현대 철학사』, 신아출판사, 2012

한단석, 『서양철학사』, 박영사, 1982

한스 요아힘 슈퇴리히, 『세계철학사』Geschichte der Philosophie, 분도출판사, 1993

허용선, 『불가사의한 세계 문화유산의 비밀』, 예림당, 2005

▪ 최선을 다해 연락을 시도했음에도 저작권자를 찾지 못하거나 미처 연락받지 못한 인용문에 대해서는 정보가 확인되는 대로 이후 판본에 반영하고, 필요한 절차를 밟겠습니다.